中国合作经济发展研究报告
（2021年）

主　编　李　想　计　慧
副主编　王刚贞　于志慧

中国商业出版社

图书在版编目(CIP)数据

中国合作经济发展研究报告.2021年/李想,计慧主编.--北京:中国商业出版社,2021.11
ISBN 978-7-5208-1866-7

Ⅰ.①中… Ⅱ.①李…②计… Ⅲ.①中国经济-合作经济-研究报告-2021 Ⅳ.①F121.24

中国版本图书馆CIP数据核字(2021)第221718号

责任编辑:刘毕林

中国商业出版社出版发行
010-63180647　www.c-cbook.com
(100053　北京广安门内报国寺1号)
新华书店经销
蚌埠市广达印务有限公司印刷

*

787毫米×1092毫米　16开　9印张　224千字
2021年11月第1版　2021年11月第1次印刷
定价:68.00元

* * *

(如有印装质量问题可更换)

中国合作经济发展研究报告(2021年)编委会

主　　任　丁忠明　冯德连
副 主 任　秦立建　方　鸣
委　　员　丁忠明　冯德连　秦立建　方　鸣
　　　　　计　慧　李　想　刘从九　唐　敏
　　　　　徐守东　董晓波　周万怀
秘　　书　徐冠宇

编写人员

主　　编　李　想　计　慧
副 主 编　王刚贞　于志慧
参编人员　董晓波　刘　敏　刘　巍

总　序

　　安徽财经大学是一所以经、管、法学为主，跨文学、理学、工学、史学、艺术学等八大学科门类，面向全国招生和就业的多科性高等财经院校，同时也是改革开放后，在全国最早申报开设合作经济专业，创办《合作经济》（后更名为《中国供销合作经济》，现更名为《中国合作经济》）杂志，设立合作经济系，招收本、专科全日制合作经济专业学生的高校。2011年，我校为凸显合作经济理论研究和学科发展特色，开始筹建中国合作经济博物馆，2012年该博物馆正式对外开放。2013年，我校在全国首招合作经济专业硕士研究生，首次公开出版的《中国合作经济发展研究报告（2013年）》得到了农业农村部（原农业部）、中华全国供销合作总社领导的批示与肯定。此后每年出版的《中国合作经济发展研究报告》《中国供销合作经济发展研究报告》《中国棉花产业发展研究报告》，皆受到相关部门和社会各界的高度评价。作为一所教学研究型大学，加强智库建设、服务经济社会发展无疑是我们必须承载的重要任务。

　　近年来，我校一直围绕做好社会服务这一重要课题，遵循服务地方经济社会发展与服务我国合作经济事业发展两大主旨，从搭建平台、优化机制、创新模式等方面进行了积极尝试。此次出版的《中国合作经济发展研究报告（2021年）》《中国供销合作经济发展研究报告（2021年）》《中国棉花产业发展研究报告（2021年）》是我们与中华合作时报社、中国合作经济杂志社、中国棉花协会棉花工业分会、中国棉麻流通经济研究会和全国棉花加工标准化技术委员会等单位紧密合作，共同组织策划，由我校中国合作社研究院、中国合作经济博物馆、合作经济研究中心、棉花工程研究所面向合作单位组建的以教授、博士与资深记者为主体的协同创新研究团队，经过一年左右深入调查研究所形成的研究成果。

　　当前我国经济发展进入新时代，十九大报告明确提出"实施乡村振兴战略"，组织创新、制度创新、技术创新与管理创新已是大势所趋，新修订的《中华人民共和国农民专业合作社法》已于2018年7月1日正式实施，城乡尤其是农村各种形式的合作经济组织制度发展方兴未艾。如何实现合作经济组织制度的高质量发展？既面临难得机遇，又存在诸多挑战，特别是在全球新冠疫情大背景下，十九届五中全会明确提出了"双循环"新战略，因此加强高校和相关单位合作，组建协同创新团队，以习近平新时代中国特色社会主义思想为指导，研究中国特色合作经济理论与实践，推动中国特色合作经济事业发展，意义重大。

　　由于系统、深入跟踪研究我国合作经济发展这一课题涉及方方面面，对我们来说，具有很大的挑战性，加之时间紧、任务重，不足之处在所难免，敬请领导、专家和合作社工作者批评指正。

安徽财经大学党委书记、校长　丁忠明
2021年8月

前　言

《中国合作经济发展研究报告（2021年）》由六个部分组成：农民专业合作社发展研究报告，中国供销合作社发展研究报告，中国农村信用社发展研究报告，农村资金互助社发展研究报告，其他类型合作经济组织发展研究报告，家庭农场发展研究报告。

通过分析我国合作经济发展情况，我们认为，总的来看，我国合作经济发展体现出以下几个方面的特点：一是我国合作经济发展总体仍保持快速发展的态势，但增速有所放缓，高质量发展已成为发展方向。各类合作经济组织在创新农业生产经营体制机制、发展现代农业、活跃城乡流通、完善商品流通体系、增加农民收入、推动乡村振兴、加快城乡融合发展中发挥了重要作用。二是不同类型合作经济组织并存共同发展的态势越来越明显，但发展仍很不平衡。农民专业合作社发展势头强劲，截至2021年4月，全国依法登记的农民专业合作社总数达225.9万家，组建联合社超过1.4万家，深入推进国家级、省级、市级、县级示范社四级联创，县级以上示范社近16万家，国家示范社超过9000家；中国供销合作社持续深化综合改革，内生动力和发展活力显著增强；农村信用合作社网点逐年增加，所提供的涉农贷款逐年增长，依然是农村金融中的主力军；其他类型合作经济组织发展相对缓慢。三是不同地区之间合作经济组织发展快慢有别。东部地区发展较快，实力较强，影响力较大；中西部地区增速较快，但实力和影响力仍然较弱。四是我国合作经济发展就总体而言仍处于初级阶段，不同地区、不同类型合作经济组织都或多或少存在不够规范、政策支持不到位等诸多问题，规范发展、提升质量势在必行。

针对我国合作经济发展中存在的问题，我们认为：一是要加强合作经济理论研究。当务之急是学习十九届五中全会精神，并以此为指导，深入研究中国特色合作经济理论、道路和制度，宣传合作社文化，弘扬合作社精神，尤其是要宣传实践中涌现的典型规范的合作社，以起到影响、带动和示范作用。二是要积极推动修改完善实施合作社相关法律制度。2018年7月1日，已正式实施修订后的《中华人民共和国农民专业合作社法》，规范发展和高质量发展农民专业合作社，是今后一个时期的首要任务；同时，应认真学习习近平总书记对供销合作社工作作出的重要指示精神，在充分调研的基础上，尽快出台《供销合作社条例》，争取早日出台《中华人民共和国合作社法》，以推动各类合作经济组织有法可依、规范发展，从而实现健康可持续的高质量发展。三是要大力兴办合作社教育，搭建产、学、研协同创新平台，理论联系实际，培养人才，以满足中国特色合作经济事业蓬勃发展的需要。

本报告是集体合作的成果，分工如下：第一部分由董晓波编写，第二部分由李想编写，第三部分由于志慧编写，第四部分由王刚贞编写，第五部分由刘巍编写，第六部分由刘敏编写，最后由李想、计慧统稿。在本报告调研和编写过程中，得到了中华全国供销合作总社、中国合作经济学会、中国供销合作经济学会以及全国相关省市县供销合作社联合社等单位的大力支持，在此一并表示感谢。

安徽财经大学　李想
2021年8月

目 录

第一部分 农民专业合作社发展研究报告 (1)
 一、农民专业合作社的总体概况 (1)
 二、农民专业合作社在促进农村经济社会发展中的重要作用 (3)
 三、农民专业合作社发展中存在的问题 (5)
 四、农民专业合作社发展的对策 (7)
 参考文献 (9)

第二部分 中国供销合作社发展研究报告 (10)
 一、全国供销合作社发展现状分析 (10)
 二、全国供销合作社改革发展中存在的主要问题 (34)
 三、加快全国供销合作社改革发展的对策建议 (37)
 参考文献 (42)

第三部分 中国农村信用社发展研究报告 (43)
 一、农村信用社改革取得的成就 (43)
 二、农村信用社发展存在的问题 (56)
 三、农村信用社发展的对策 (60)
 参考文献 (66)

第四部分 农村资金互助社发展研究报告 (67)
 一、我国农村资金互助社的历史逻辑与现实需求 (67)
 二、正规农村资金互助社 (75)
 三、农民合作社内的信用合作 (83)
 四、贫困村级资金互助社 (91)
 五、总结 (97)
 参考文献 (102)

第五部分 其他类型合作经济组织发展研究报告 (105)
 一、其他类型合作经济组织发展现状 (105)
 二、其他类型合作经济组织在发展中存在的问题 (114)
 三、促进其他类型合作经济组织可持续发展的对策 (115)
 参考文献 (116)

第六部分 家庭农场发展研究报告 (117)
 一、家庭农场的特征、类型和发展意义 (117)

二、家庭农场与其他经营主体的关系 …………………………………………… (122)
三、家庭农场发展的制度动因与制度供给 ……………………………………… (125)
四、家庭农场制度设计中的核心问题 …………………………………………… (127)
五、我国家庭农场发展现状 ……………………………………………………… (129)
六、我国家庭农场发展的对策 …………………………………………………… (132)
参考文献 …………………………………………………………………………… (134)

第一部分 农民专业合作社发展研究报告

一、农民专业合作社的总体概况

(一)农民专业合作社的数量

截至2021年4月底,全国依法登记的农民专业合作社达225.9万家,联合社超过1.4万家。全国工商总局(现为国家市场监督管理总局)公布的数据显示,2007—2020年,农民专业合作社从2.6万家增加到了222.1万家,增长速度呈现出先高后低的趋势,2007—2013年间呈高速增长状态,2014年开始呈较为明显的下降状态。如图1-1、图1-2所示。

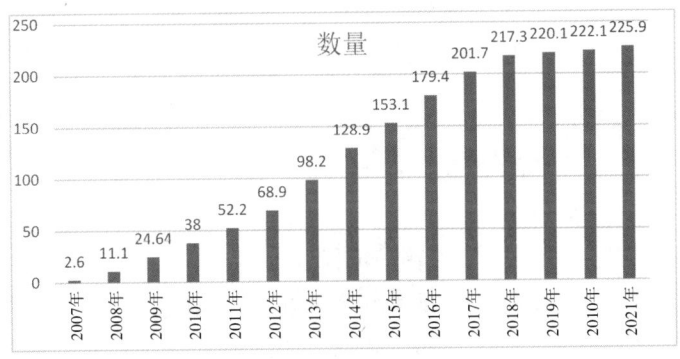

图1-1 农民专业合作社数量(单位:万户)

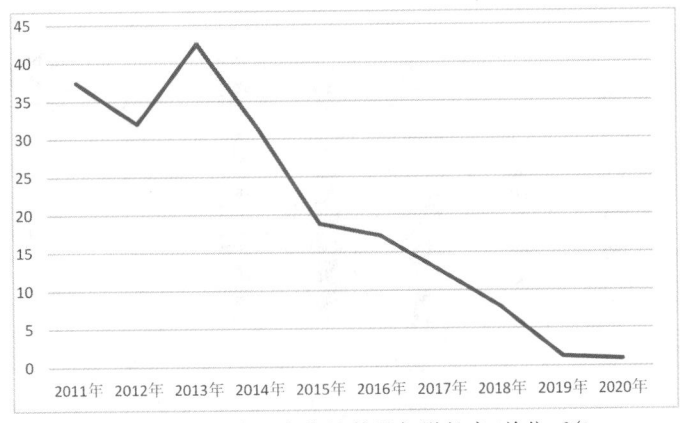

图1-2 农民专业合作社数量年增长率(单位:%)

由此可以看出,农民专业合作社数量增长态势已趋于减缓,爆发式增长已转为稳步增长。增长率从2008年的32.7%下降到2020年的0.9%。这也反映出我国农民专业合作社增长从数量增长向高质量发展转变。

(二)农民专业合作社成员出资额

成员出资额与合作社数量相比,更能反映农民专业合作社的经营状况和成员加入合作社的意愿。截至 2018 年 2 月底,农民专业合作社成员出资总额 46768 亿元。农民专业合作社出资额不断增加,出资额增长率呈下降趋势。如图 1-3 所示。

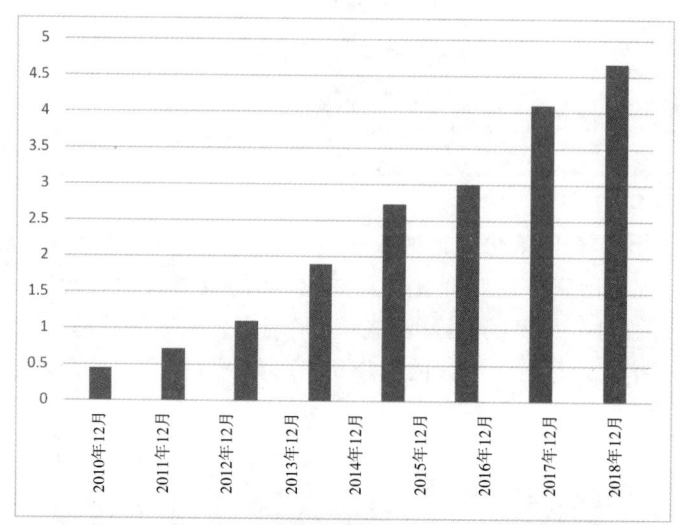

图 1-3 农民专业合作社成员出资总额(单位:万亿元)

农民专业合作社户均成员出资额可在一定程度上体现农民专业合作社个体的运营能力。2010—2014 年,户均成员出资额逐年增长;2015 年稍稍回落到 195.95 万元,较上年降低 7.5%;2016 年再创新高,达到 228.5 万元。2011—2016 年,农民专业合作社户均成员出资额平均年增长率为 11.95%。如图 1-4 所示。

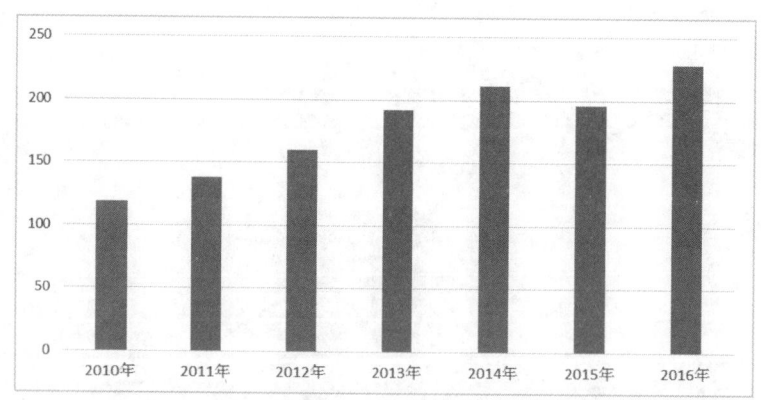

图 1-4 农民专业合作社户均成员出资额(单位:万元)

与其他市场主体相比,在体现资本实力的户均出资额方面,农民专业合作社低于外商投资企业和私营企业,高于个体工商户。如图 1-5 所示。

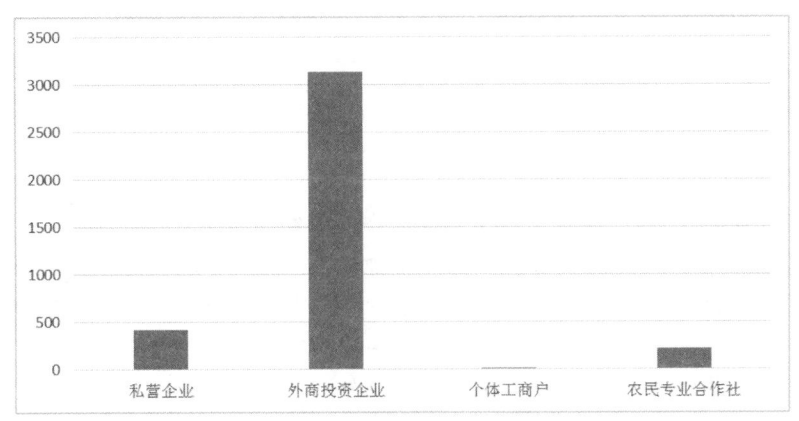

图1-5 全国各类市场主体户均出资额比较(单位:万元)

(三)农民专业合作社成员数

农民专业合作社的成员数是指加入合作社并拥有合作社剩余所有权或控制权的成员数量。按照《中华人民共和国农民专业合作社法》的要求,成员中农民成员数量比例不低于80%,所以成员数可以反映出合作社对农民的组织带动情况。

2009—2018年,农民专业合作社成员总数处于上升趋势,农民专业合作社对农民的组织带动作用不断增强。截至2019年年底,农民合作社成员6682.8万个,农民合作社辐射带动全国近一半的农户。合作社已成为引领农民参与国内外市场竞争的现代农业经营组织。

目前,我国小农户数量占农业经营户的98%,小农户从业人员占农业从业人员的90%,小农户经营耕地面积占总耕地面积的比重超过70%。农民合作社成员以农民为主体,普通农户成员占比95.4%。合作社在稳定农户家庭承包经营的基础上,为成员提供农业生产经营服务,组织小农户"抱团"闯市场,帮助小农户克服分散经营的不足,丰富统一经营主体,提高农业经营效率,赋予双层经营体制新的内涵,给农村基本经营制度注入更加旺盛的活力。

(四)农民专业合作社分布

农民专业合作社产业涵盖粮棉油、肉蛋奶、果蔬茶等主要农产品生产,80%以上从事种养业;行业结构进一步优化,农机作业等服务业合作社增长明显,占比7.7%;注重开发农业多种功能,发展休闲农业、乡村旅游、民间工艺和农村电商等新产业新业态。2万家农民合作社发展农村电子商务,7300多家进军休闲农业和乡村旅游。农民合作社开展仓储、加工、物流等增值服务,提供产加销一体化服务的农民合作社占比达53%,平均为每个成员统一购销1.56万元、二次盈余返还1402元。加工服务型合作社增速较快,3.5万家合作社创办加工企业等经济实体,8.7万家拥有注册商标,4.6万家通过农产品质量认证。

二、农民专业合作社在促进农村经济社会发展中的重要作用

(一)农民专业合作社成为乡村振兴重要的组织载体

党的十九大报告提出"实施乡村振兴战略",并指出"必须始终把解决好'三农'问题作为全党工作重中之重。要坚持农业农村优先发展,按照'产业兴旺、生态宜居、乡风文明、治理有效、生活富裕'的总要求,建立健全城乡融合发展体制机制和政策体系,加快推进农业农村现代化"。

习近平总书记2018年在全国"两会"期间指出,实施乡村振兴战略必须做到"五个振兴",即产业振兴、人才振兴、文化振兴、生态振兴和组织振兴。这为我们实施好这一划时代的伟大战略提供了根本遵循。作为农民的合作经济组织,农民专业合作社应抢抓时代机遇,充分发挥自身优势,全力以赴真抓实干,为实施乡村振兴战略作出应有的贡献。2020年8月22日下午,在吉林省考察调研的习近平总书记指出,合作社的路子怎么走,我们一直在探索,要鼓励全国各地因地制宜发展合作社,探索出更多专业合作社发展的路子来。

2021年是巩固脱贫攻坚成果同乡村振兴有效衔接的第一年,农村也进入乡村振兴建设的关键时期。农民专业合作社吸纳贫困户为合作社成员,依靠产业扶贫实现贫困户脱贫。农民专业合作社也成为产业升级的重要载体。合作社可以成为发展适宜的特色产业的有效载体,把农业生产与农产品加工流通结合起来,延伸产业链、提升价值链,实现一、二、三产业融合发展,促进乡村的产业兴旺。农民合作社之所以能推动乡村振兴,是由当前乡村的经济社会现实决定的。从经济方面看,乡村振兴所需要的人、钱、地,由农民分散占有使用。只有把分散的资源集中起来,把分散的资金整合起来,才能更好地发挥规模效应,保证农民在乡村经济发展中的主动地位。农民合作社作为农民自己的组织,可以把分散的资金、零碎的土地和各自为战的农民集中联合起来。借助农民合作社,农民无论是直接参与市场竞争,还是与其他主体联合发展,交易成本和组织费用都会大大减少。

(二)农民专业合作社成为小农户与现代农业衔接的纽带

小农户生产技能低制约其发展。小农户联合组建合作社,可以根据自身需求、作物农时提出切合实际的生产技能提高方案,可以发挥合作社组织功能有效推广先进生产技能,可以在合作社平台上实现小农户间的技能交流提升。农民专业合作社为小农户成员提供及时的、专业的、全方位的技术指导,成员反映这种技术指导很接地气,有效地提高了小农户成员的生产技能。其他主体也能够指导小农户提高生产技能,但及时性、精准性不高,且往往决定于主体自身利益导向,稳定性、长期性不足。

小农户生产设施条件的普遍落后影响其生产效率提升。一方面小农户受制于资金、技术的客观约束无法提高农业生产设备;另一方面由于生产规模较小,农业基础设施利用率低,也降低了单个小农户主观提升生产条件的积极性。小农户通过联合组建合作社,在政府扶持下,以合作社名义统一购买和使用各类先进农机设备,改善基础设施,是迅速提高生产效率的有效方式。离开合作社平台,要快速、成批改善小农户生产条件十分困难。

小农户最大的缺陷是小,难以获得规模效益。小农户联合组建合作社,通过合作社开展生产环节的服务,实现生产环节的规模经营,规模效益通过合作社益贫性的分配机制返还给小农户,让小农户既享受规模服务,也享受规模效益,有效实现规模经营。与其他主体对小农户的服务比较起来,由于小农户规模小,从服务提供者来讲存在服务协商成本高不愿提供的问题,从小农户来讲存在服务谈判地位不高容易受排挤的问题,从剩余索取来讲还存在规模服务效益外部化的问题,合作社的自我服务不仅有存在空间,还有独特优势。小农户处于农业产业链底部,最需要与市场对接而又最难与市场对接。不论从农业发展短板看,还是从政府扶持益贫性看,小农户都最值得政府扶持,但小农户的小与散使其成为政府最难扶持的对象。

(三)农民专业合作社成为推进适度规模经营的有效载体

农民专业合作社积极发展土地规模经营和专业化规模化服务,有效提高了规模经营水平。农业适度规模经营绝不仅仅只是土地规模经营,还包括联合与合作的规模经营、服务的规模经营、产业链延伸的规模经营等多种形式。农业适度规模的标准绝不仅仅只包括种植业,还应深入研究养殖业、农机服务业等领域的规模标准。推进农业适度规模经营的最关键之处,应该是如何能使农民持续增收,而合作社应该是最佳的组织形式。家庭承包耕地流转进入专业合作社的面积达9737万亩,占流转总面积的21.8%,其中入股专业合作社的面积为1560万亩。全国有8.52万家土地股份合作社,入股土地面积达3157万亩。农民专业合作社为成员提供产加销一体化经营服务总值已突破1万亿元,农业服务类合作社超过10万家。

(四)农民专业合作社成为推进农业供给侧结构性改革的重要力量

农民专业合作社立足市场、创新供给、激活需求,组织农产品标准化、品牌化、绿色化生产,全国有15万多家农民专业合作社实施标准化生产、注册产品商标,4万多家农民专业合作社通过"三品一标"农产品质量认证。超过4万家农民专业合作社创办加工实体、开设社区直销店,一些还进行直销配送、会员制消费、认购式销售等营销创新。在我国"镰刀弯"地区玉米结构调整中,农民专业合作社等新型经营主体成为调整玉米结构的主力军。

(五)农民专业合作社成为带动农民增收致富的稳定渠道

农民专业合作社是带动农户增加收入、发展现代农业的有效组织形式。目前,农民专业合作社户均可分配盈余8万~10万元,平均每个成员当年分配盈余近1600元。农民专业合作社成员普遍比生产同类产品的非成员增收20%以上,运行规范的示范社高达30%~50%。特别是农民专业合作社作为产业扶贫的重要载体,能够积极发挥对贫困人口的组织带动作用,强化与贫困户的利益联结,在促进贫困农民就业增收方面作用明显。

三、农民专业合作社发展中存在的问题

(一)融资难成为非常突出且普遍性的问题

产业扶贫政策中对农民专业合作社有金融扶持措施,例如农民专业合作社吸纳或带动贫困农户,可获得金融贷款优惠政策,但农民专业合作社主体资格难以获得金融机构的认可,由此产生的融资难问题非常突出。《中华人民共和国农民专业合作社法》实施后,农民合作社的市场主体尽管得到法律的确认,也在法律上承认了其承贷主体地位,但农民专业合作社的特殊法人地位仍难以获取金融机构认可,多数金融机构对其此类法人性质仍心存疑虑,特别是借款主体的不确定性更是增加了金融机构的贷款风险。

一是信贷主体资格不实。尽管《中华人民共和国农民专业合作社法》明确了农民专业合作社具有合法的市场主体资格,可以作为从金融机构获得贷款的承贷主体,但从目前看来,这一规定在实际工作中没有得到很好的贯彻落实。由于当前社员的"三权"并不能过户到专业合作社,对于农民专业合作社的信贷主体资格,绝大多数金融机构并不认可,未对合作社开展信用评级。

二是金融服务体制不畅。大型银行的主要目标是争夺大规模和具备抗风险能力的资源,为农金融服务相对滞后,信贷产品少而单一,多数金融机构"嫌贫爱富","贷大、贷长、贷集中"的情况较为突出。从调查情况看,各金融机构并未开发出专门针对农民合作社的金融创新产品,对农民专业合作社的信贷投放方式主要为合作社成员的五户联保贷款、个人消费信贷、小额贷款等传统信贷业务。据了解,部分金融部门为了防范信贷风险,提高经营效益,普遍收缩了农村信贷战线,贷款的审批权限逐步上收,对农业的信贷投入相对偏少,贷款逐步向少数大户和优质客户集中,形成了严重的农村资金"倒流"现象。

三是有效抵押资产不足。由于大多数专业合作社发展尚处于起步阶段,基本没有可供抵

押的有效资产,即使一些资产也达不到金融机构抵押的条件,导致了金融机构不敢轻易贷款给合作社。

(二)市场竞争力不足

现代农业日益强调产业链的整合,农民专业合作社往往只在原料生产环节具有一定优势,而在产业链最为关键的加工流通等环节,普遍存在短板。首先,农民专业合作社普遍缺乏市场需求分析、营销策划等市场开拓能力。多数农民专业合作社依靠企业的营销渠道,客户、品牌等资源都来源于企业,农民专业合作社实质上只是农民的组织者,并不参与产业经营的核心业务。其次,农民专业合作社在深加工、仓储、运输、配送、技术服务等关键环节先天不足,自身缺乏延长产业链条的能力,难以分享更多二、三产业附加值。有独立经营业务的农民专业合作社很少。

从目前农民专业合作社的总体情况来看,规模小,辐射面不广,组织化程度偏低,尤其是经济欠发达的边远山区,农民专业合作社发展数量较少,有些地区平均入社农户不到10户,成员在100人以上的比重很低,跨乡镇发展的农民专业合作社则更少。与此同时,多数农民专业合作社资金投入不足,总体实力不强,产销衔接不紧密,基本停留在农资供应、生产管理、产品销售等环节,服务内容狭窄,合作层次较低,重盈利轻服务,社员之间的合作关系不够紧密,抗风险能力依然较弱。

许多地区的合作社只是把单家单户的个体生产聚集起来,但并没有真正将他们联合起来,引进现代化的管理,进行标准化的生产,所以这些合作社仍然处于生产环节的最初阶段。如果只是维持在这一阶段,合作社的价值就得不到充分发挥。此外,由于农民专业合作社建设中存在重复建设的情况,生产的产品质量不高,缺乏特色,以至于很难培育出自己有影响力的农产品品牌。

(三)规范化发展问题突出

目前,关于农民专业合作社规范发展问题,政府、农民专业合作社、学界三方看法并不一致。政府大力支持规范发展的示范社,希望这些示范社能够为其他合作社树立标杆;合作社经营者认为不同合作社自身情况不同,很难标准化、统一化,要想让合作社有竞争力,就必须打破条条框框的束缚;学界对规范化的讨论也很热烈,有的学者认为合作社就应按照合作制操作,否则就不要注册为合作社,可以注册为其他企业形式,以合作社之名,不行合作社之实,还获得国家补贴,造成了资源浪费。

我们认为,农民专业合作社之所以有别于企业等其他经济组织,原因在于农民专业合作社独特的制度设计。农民专业合作社的所有制结构是成员共同所有,每个成员都应建有成员账户;成员之间是平等互利关系,实行民主管理,成员都可参与合作社决策;农民专业合作社实行盈余返还的分配制度,剩余收益按比例量化到成员。然而,农民专业合作社在成员账户运用、财政扶持资金处置、盈余分配、民主管理、社务公开等方面仍存在很多弱项和短板。

农民专业合作社发展中存在的问题,成因是复杂的,既有合作社自身的资源禀赋因素,也有成员之间禀赋差异导致的治理异化因素,还有支持合作社发展的政策环境因素。

首先,合作社自身的资源禀赋因素主要由合作社成员主体——普通农户的财产和收入状况决定,短期内无法显著改变。

其次,合作社成员之间的禀赋差异主要体现在一般农户成员与企业成员、农民大户成员之间的经济实力及其带来的经营管理能力、对合作社内部决策的影响力等方面。实际操作中往往出现出资额较大的成员,如企业或农民大户成员,获得合作社的实际控制权,淡化民主管理机制,个别还存在侵占其他成员利益的情况。但为激发涉农企业和农民大户参与领办农民专业合作社的积极性,这种内部人控制合作社的现象在一定时期内还难以完全避免。

最后，合作社发展的政策环境日趋向好，但也存在结构性问题，主要是农业社会化服务体系不健全，为农服务资源分散，服务成本较高，服务供给不精准，难以满足农民专业合作社等新型经营主体的服务需求，对于弥补合作社自身要素短板、提升自生能力和培育市场核心竞争力缺乏支撑作用。

因此，从促进农民专业合作社发展的角度看，当前最主要的问题是：政策体系不完善，农业社会化服务体系不健全，政府部门的公益性资源与市场主体的经营性资源缺乏有效整合，不能有效供给到农民专业合作社等新型经营主体的生产经营终端。

四、农民专业合作社发展的对策

农民专业合作社虽然发展速度较快，但质量提升更为迫切。规范发展是当前需要解决的首要问题。为农民专业合作社进一步发展提供宽松的政策环境是重要的扶持措施。一直以来，农民专业合作社在获取金融服务方面都受到很大限制，不能享受与公司等其他经营主体同等的待遇。农民专业合作社的持续发展需要人才支撑，人才培养是农民专业合作社发展的关键要素。

（一）狠抓政策落实，推进合作社规范发展

经国务院同意，中央农办、农业农村部等11个部门制定印发《关于开展农民合作社规范提升行动的若干意见》，明确了到2022年提升农民合作社规范化水平、增强服务带动能力、加大政策支持力度的目标要求和政策措施。召开促进农民合作社和家庭农场高质量发展工作现场会议，强调加大对农民合作社扶持力度，增强发展活力和服务带动能力。部署开展"空壳社"专项清理，进一步明确了规范提升的发展导向，实现农民合作社"清理整顿一批、规范提升一批、扶持壮大一批"。

推进试点示范引领。农民合作社质量提升整县推进试点扩大到全国158个县（区、市），优先将贫困县纳入，围绕发展壮大单体农民合作社、培育农民合作社联合社、提升县域指导服务水平，探索整县域推进农民合作社高质量发展的路径方法。遴选推介了首批24个全国农民合作社典型案例，为农民合作社产业振兴、创新机制、带贫增收提供了可比可学的鲜活教材。推进国家、省、市、县级示范社四级联创，通过中央财政支持各级示范社提升农产品加工、经营管理、市场营销等关键能力。

（二）创新合作社金融普惠措施，促进合作社产业发展

十八届三中全会提出，要赋予农民承包经营权抵押、担保权能，允许财政项目资金直接投向符合条件的合作社，允许财政补助形成的资产转交合作社持有和管护，允许合作社开展信用合作，稳妥开展农民合作社内部资金互助试点，做好承包土地的经营权和农民住房财产权抵押担保贷款试点工作。因此，政府和相关职能部门及金融机构应结合实际，积极探索破解专业合作社融资难题，推进农民增收、农业发展。

1. 创新农村金融产品

一是在风险可控的前提下全面推行灵活的贷款方式，当前重点推行专业合作社信用贷款和社员联保贷款，有效解决农民专业合作社"贷款难"问题。二是各农村金融机构要积极探索扩大农民专业合作社、入社社员贷款抵押品范围，针对农民专业合作社的不同类型和不同需要，分类设计农村金融产品，以支持农民专业合作社产业发展。三是探索农业保险向农民专业合作社延伸的具体措施和办法，加快推进种养业保险向农民专业合作社倾斜，增强农民专业合作社的抗风险能力。

2. 增大信贷资金投入

一是金融机构要用足用好各级政府在农村扶贫、农业产业化等方面的财政贴息优惠政策，积极扩大对农民专业合作社的贷款总量。二是开展农民专业合作社的信用等级评定工作，对经营效益好的农民专业合作社授予一定的信用额度，在各种贴息贷款项目和小额贷款上给予倾斜。三是激活民间投资，组建多种所有制形式的民间金融机构。《中共中央关于推进农村改革发展若干重大问题的决定》中明确提出："允许有条件的农民专业合作社开展信用合作。"在当前市场资金短缺的背景下，政府在加强和改善金融监管的同时，适度放松农村金融的市场准入条件，鼓励民间资本对农民专业合作社的投入。

3. 强化配套服务功能

一是在确保符合风险控制的前提下，完善各级授权授信制度，优化信贷流程，简化贷款审批手续，对符合条件且在授信额度内的农民专业合作社建立"贷款绿色通道"。二是金融机构要适当调整支持专业合作社的信贷政策，改善农村网点布局，扩大对村镇营业网点的授权授信，完善服务功能，突出支持重点。三是政府职能部门要加大财政扶持力度。建立与合作社发展速度和规模相适应的财政扶持增长机制，逐年加大对合作社的财政资金扶持。建议制定出台具体的扶持措施，设立农民专业合作社专项扶持资金，采取以奖代补、贷款贴息等方式加大扶持力度。

4. 建立贷款风险分担机制

一是农业、供销等相关职能部门要不断加强专业合作社内部的规范化建设，健全完善农民专业合作社的运行机制，以此来增强金融机构对农民专业合作社融资的信心。二是金融机构要创新风险防范制度和机制，建立农民房权、林权、经营权等抵押贷款制度和信用担保制度。推进农民专业合作社信用评级建档工作，增强金融机构的放贷动力。三是建立农民专业合作社金融信贷专项担保基金，由政府出资进行担保，把符合政策规定的农民专业合作社列入金融信贷担保支持的对象，为农民专业合作社融资提供保障。

（三）立足长远发展，重视人才培养

1. 树立合作理念，重视合作社教育

没有教育和培训，合作社发展就没有原动力。加强合作社教育，面向社会普及合作经济的知识，提高对合作经济的认识，形成一个各层领导、各个方面都关心支持合作经济发展的好氛围，培训合作经济的专业人才和高素质的管理人才。

2. 以人才培养提升合作社自生能力

合作社的自生能力是保持合作社健康和可持续发展的关键，而提高合作社的自生能力关键是要提高成员的合作意识和自身的综合素质。在总结了世界各国合作社发展的大量经验和教训后，联合国粮农组织（FAO）指出，政府应在创造合作社所需外部环境总体框架方面起作用，要强化合作社的自治、自我财力支持和自立；政府不应干预合作社的经营和管理，对于合作社事业的推动只有通过合作社成员自身的努力才会有效；政府若要影响合作社对成员或成员对合作社的行为只有间接地通过合作社教育进行。理论的分析和合作社运动的实践充分证明，外部环境的改善可以加快合作社发展的进程，自生能力的强弱才是决定合作社兴衰的关键因素，而政府过度的直接支持则会阻碍合作社的健康发展。根据政府促进合作社发展应遵循的原则，开展合作社教育是增强合作社自生能力，推动合作社可持续发展的有效手段，是政府促进合作社发展的理性选择。

参考文献

[1] 国家统计局网站,www.stats.gov.cn.
[2] 国家工商行政管理总局网站,www.saic.gov.cn.
[3] 农业农村部网站,www.moa.gov.cn.
[4] 中国农民专业合作社研究网,www.ccfc.zju.edu.cn.
[5] 中国合作经济学会网站,www.chinacoop.org.

第二部分　中国供销合作社发展研究报告

一、全国供销合作社发展现状分析

（一）经济运行呈现持续稳定恢复的良好态势

1. 全国供销系统销售总额稳定恢复

全国供销系统的经济总量持续大幅度增加，2020年，全系统销售总额5.3万亿元，同比增长14.2%。综合2006—2020年共15年的数据可以发现，全系统的年销售总额在2018年之前呈指数增长的趋势，2019年出现下滑，2020年呈现稳定恢复的良好态势。如图2-1所示。

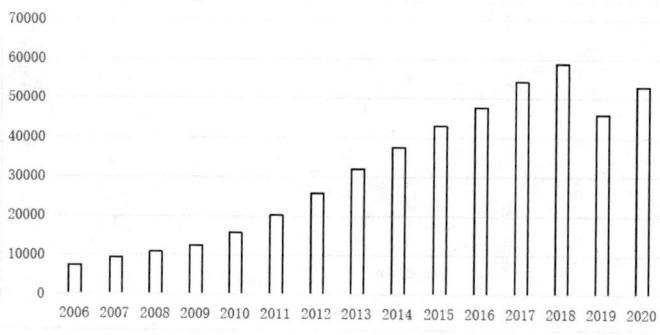

图2-1　2006—2020年全系统销售总额（单位：亿元）

其中，农业生产资料类销售额8667.1亿元，同比增长10.1%；农产品类销售额22205.3亿元，同比增长19.5%；消费品类零售额18234.5亿元，同比增长14.8%；再生资源类销售额2824亿元，同比增长21.8%。如图2-2所示。

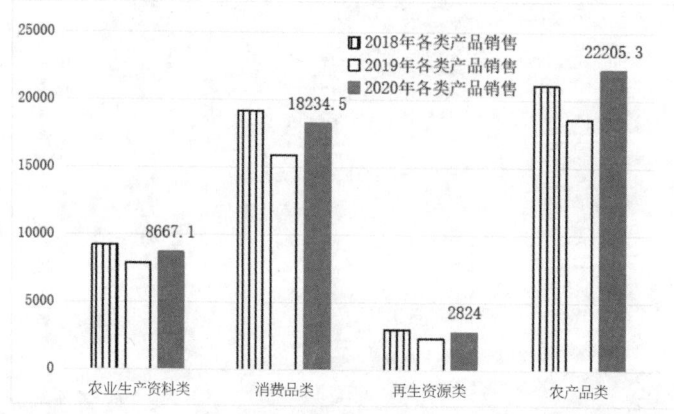

图2-2　2018—2020年全国供销系统销售总额构成分布（单位：亿元）

从图 2-3 中可以看出,在销售的种类中,农业生产资料类、消费品类、再生资源类和农产品类分别占到 16.7%、35.1%、5.4% 和 42.8%,较 2019 年都有所上升,其中农产品上升幅度最大,上升 21.8%。

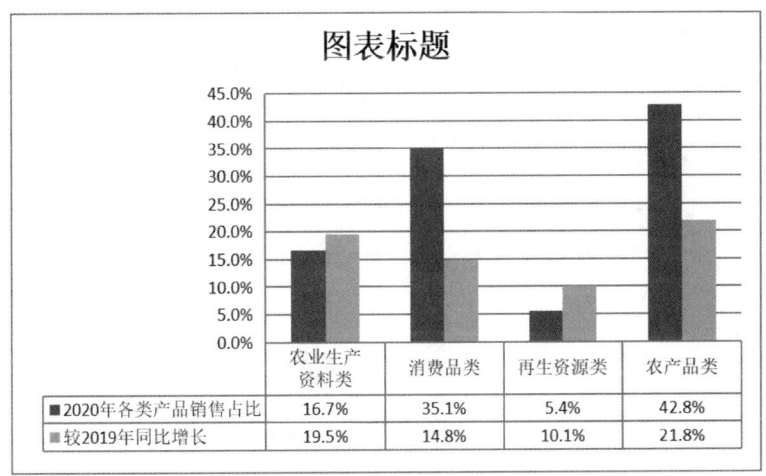

图 2-3　2020 年各类产品销售占比及较 2019 年同比增长

2.商品交易额总量逐步回升

2020 年全系统商品交易(批发)市场交易额 10459.9 亿元,同比增长 10.7%。其中,农副产品市场交易额 9002.7 亿元,增长 15.9%;再生资源市场交易额 768.5 亿元,增长 3.2%。与 2019 年相比,商品交易市场交易额和农副产品市场交易额在 2020 年都有所回升,而再生资源市场交易额提升幅度较小。如图 2-4 所示。

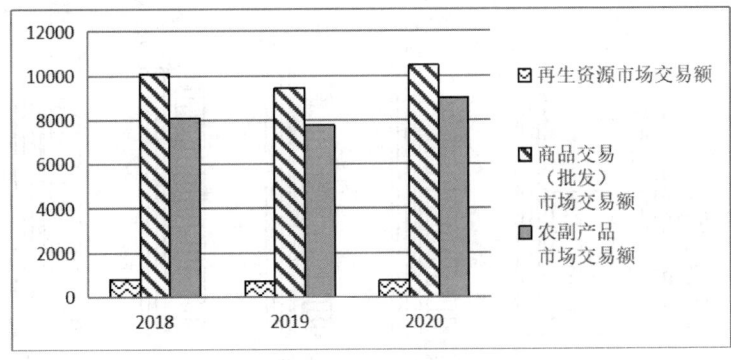

图 2-4　再生资源市场、商品交易市场和农副产品
市场交易额对比图(单位:亿元)

2006—2018 年间,全系统商品交易(批发)市场交易额和农副产品市场交易额处于持续上升的趋势,2019 年这两类市场交易额均有所降低,2020 年出现大幅度的回升。如图 2-5 所示。

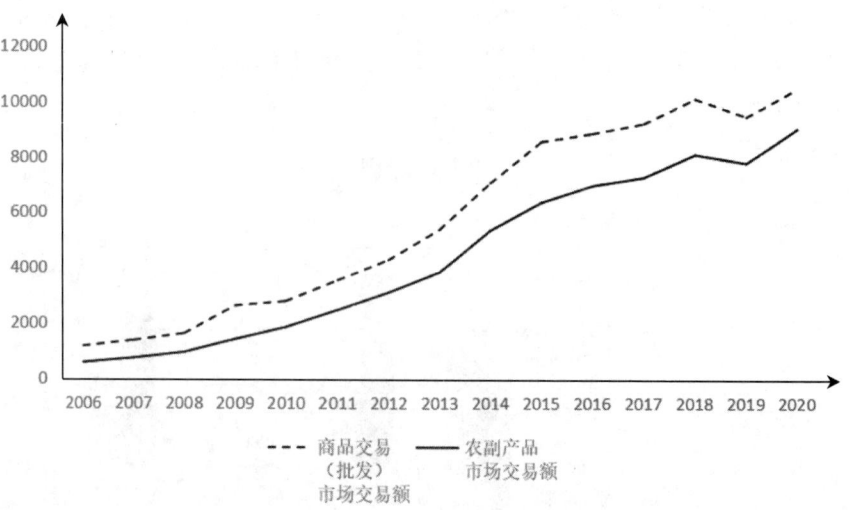

图 2-5　2006—2020 年两类市场交易额对比(单位:亿元)

3.进出口总额同比增长

2020 年全年商品进出口总额 893.4 亿元,同比增长 23.1%。其中,进口额 518.1 亿元,增长 48%;出口额 375.4 亿元,下降 0.2%。近年来,进口呈上升趋势,出口呈现稳定状态。如图 2-6 所示。

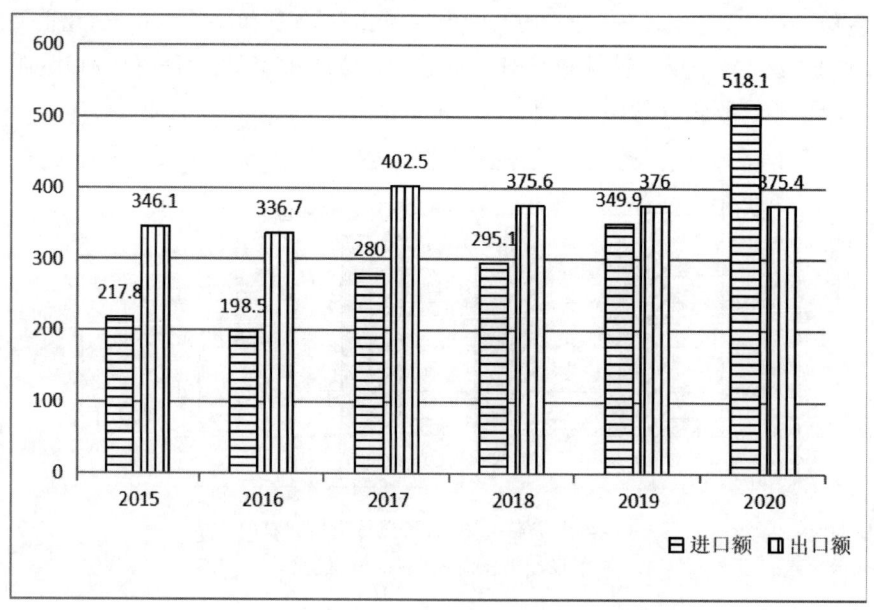

图 2-6　2015—2020 年商品进、出口额(单位:亿元)

从图 2-7 中可以看出,我国进出口总额 15 年来处于波动的状态,2009 年到达一个低谷,近年来呈现持续上升趋势,2020 年达到新高峰。

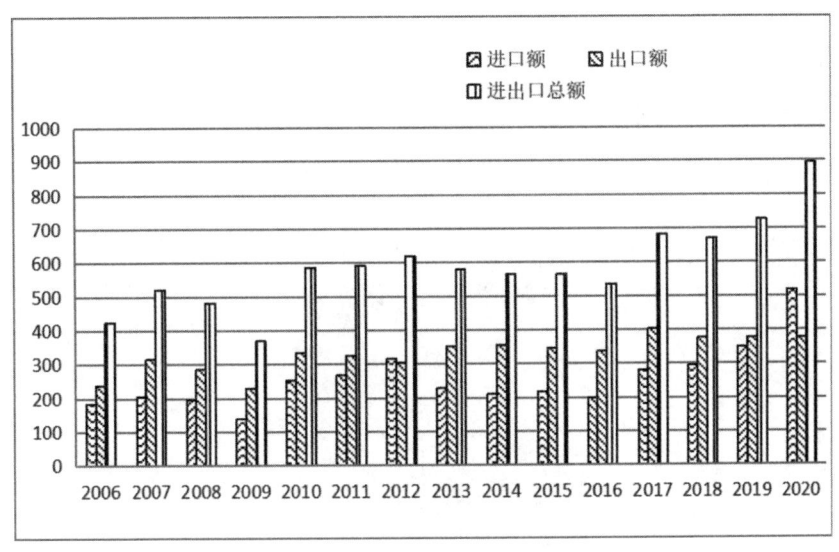

图 2-7　2006—2020 年进口额、出口额、进出口总额(单位:亿元)

4.农产品购进额恢复增长

2020 年全年从农业生产者购进农产品 16133.2 亿元,同比增长 20.3%。2006—2020 年农产品购进额的增幅分别为 10.4%、23.2%、16.7%、29.35%、37.21%、45.03%、33.3%、29.2%、17.9%、17.9%、25.7%、23.1%、11.1%、-16.2%、20.3%。由此可见,全系统从农业生产者手中直接收购的农产品在 2011 年达到了一个非常高的增长速度,直到 2018 年持续保持增长的态势,2019 年出现下滑,2020 年又回到了原有的增长水平。

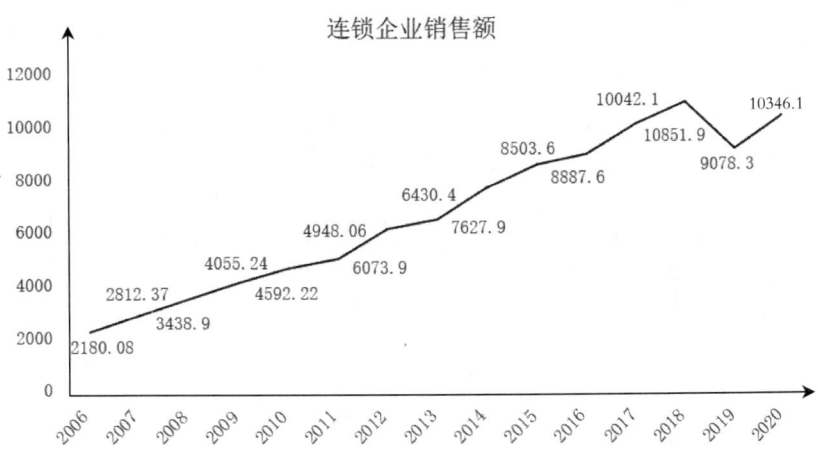

图 2-8　2006—2020 年农产品购进额变动(单位:亿元)

5.综合经营服务总体增长较快

2020 年全国供销系统的综合经营服务发展继续保持良好态势。全年农业生产服务收入额 216 亿元,同比下降 2.1%;全年金融服务营业额 987.6 亿元,同比增长 39.5%;居民生活服务业营业额 350 亿元,同比增长 105.2%;物流业营业额 116.3 亿元,同比增长 70%;资产经营额 174 亿元,同比增长 1.1%。从图 2-9 可以看出,2020 年全系统尽管个别服务行业出现了小幅减少,但综合经营服务营业额总体增长较快,金融服务已经占据了全国供销系统综合经营服务中的重要地位。

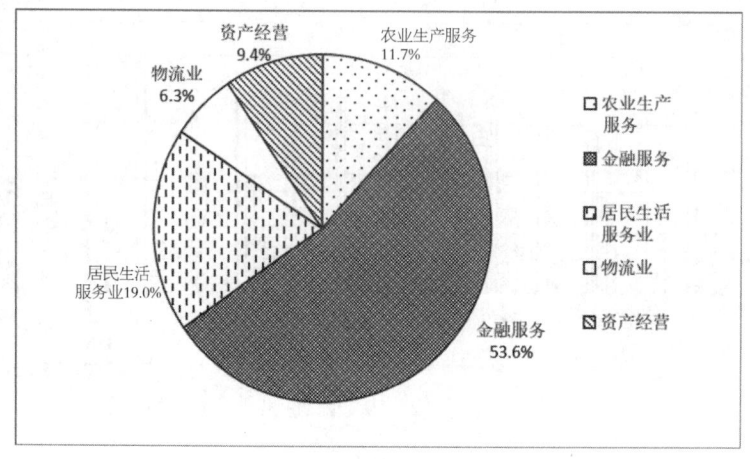

图 2-9 2020 年各类经营服务所占比例

(二)基层基础不断夯实

1.基层组织建设扎实推进

2020 年,全系统较上年增加了 5187 个基层社,共有 37652 个,基层社发展不断提速,连续多年保持较快增速,在全系统的经济比重稳步提升,整体运行质量明显优化。

(1)以集体企业为主体,其他类型企业共同发展

截至 2019 年年末,全系统共有基层社 32465 个,比上年增加 673 个。其中:集体企业 20503 个,有限责任公司 3753 个,股份有限公司 764 个,股份合作公司 1395 个,农民合作社 3317 个,其他 2733 个。如图 2-10 所示。

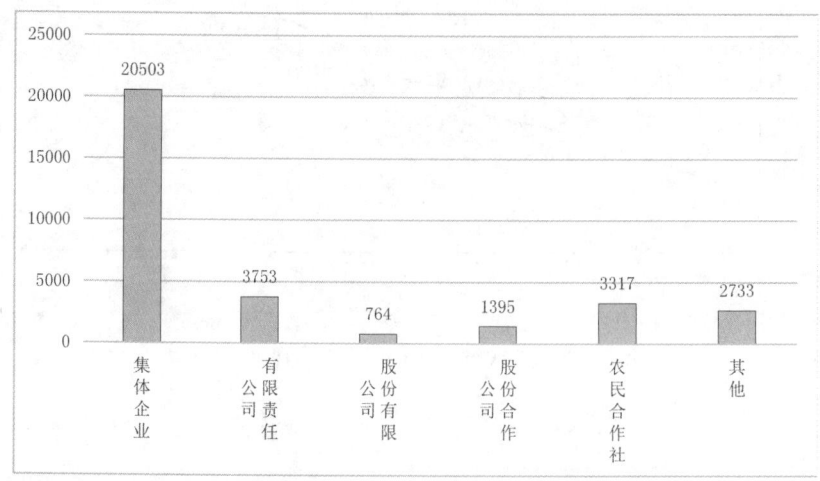

图 2-10 2019 年全系统基层社分类情况(单位:个)

从图 2-11 可以看出,基层社所有制形式的主体是集体所有制,而合作社、股份制等形式占到 37% 左右。但可以看出我国基层社所有制形式多元化,近年来多种形式企业并存,发展情况较好。

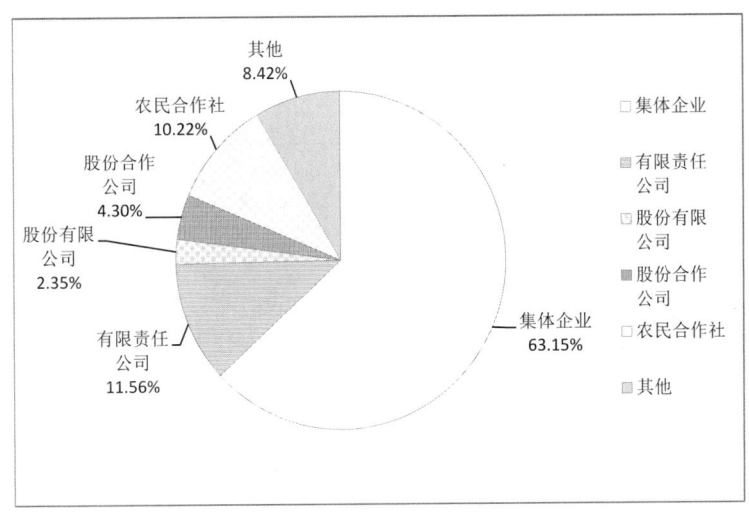

图 2-11　基层社所有制形式比例

(2)垂直管理和属地管理的基层社数量明显增加

2019 年,在基层社中,由县社垂直管理的 23726 个,实行属地管理的 1503 个,保留牌子实行民营的 2737 个,其他 4499 个。与 2018 年相比,由县社垂直管理的数量增加了 509 个,占 2018 年数量的 2.19%;实行属地管理的数量增加了 143 个,占 2018 年的 10.52%;保留牌子实行民营的减少了 39 个,约占 2018 年数量的约 1.4%。如图 2-12 所示。从管理角度看,由县社垂直管理和实行属地管理的基层社在增加,保留牌子实行民营的基层社有所降低。

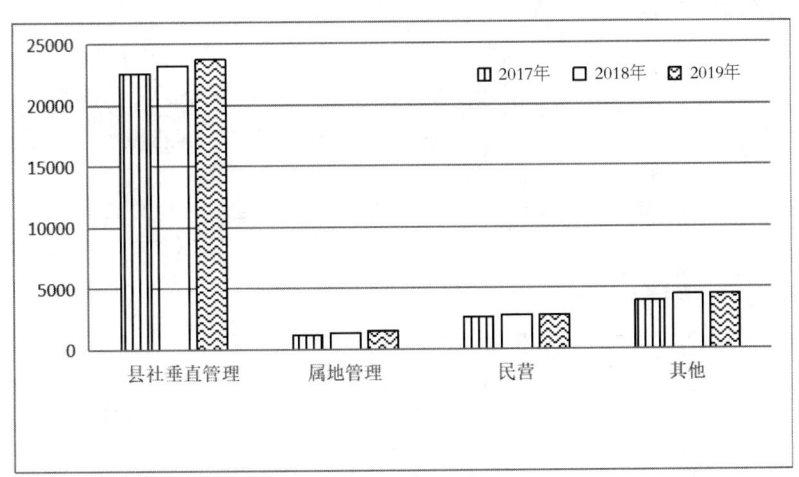

图 2-12　2017—2019 年基层社构成数量变动(单位:个)

(3)不同经营方式结构发生变化

截至 2019 年年底,在基层社中,实行自营的 18956 个,占 58.4%;承包经营的 4950 个,占

16.8%;租赁经营的 3633 个,占 12.32%;停业、歇业的等 1932 个,占 6%。如图 2-13 所示。与 2018 年比,实行自营的数量增加了 1644 个,承包经营的减少了 737 个,租赁经营的减少了 735 个,停业、歇业的减少了 2493 个。相较 2018 年,2019 年基层社的自营持续增加,而停业、歇业的数量有大幅度下降,承包经营和租赁经营的数量略微减少。这反映出基层社不同经营方式结构的变化非常明显,对于数量发生增减的原因要深入剖析,以便更好地发挥各种经营方式的作用。

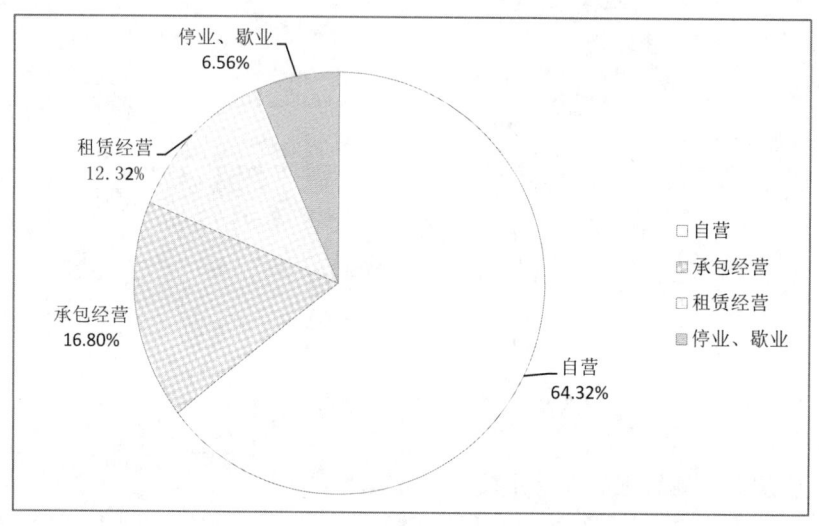

图 2-13　2019 年基层社各种经营方式占比

(4)各种类型网点数量有所减少

2019 年,基层社经营网点 32.8 万个,其中,日用消费品网点 16.4 万个,农业生产资料网点 11.3 万个,农副产品收购网点 2.5 万个,再生资源回收网点 1.8 万个。与 2018 年相比,经营网点的数量增加了 1 万个,增加比例约为 2018 的 0.05%;日用消费品网点减少了 0.6 万个,减少比例约为 2018 年的 3.53%;农业生产资料网点减少了 0.4 万个,减少比例约为 2018 年的 3.42%;农副产品收购网点减少了 0.1 万个,减少比例约为 2018 年的 3.85%;再生资源回收网点没有变化。如图 2-14 所示。

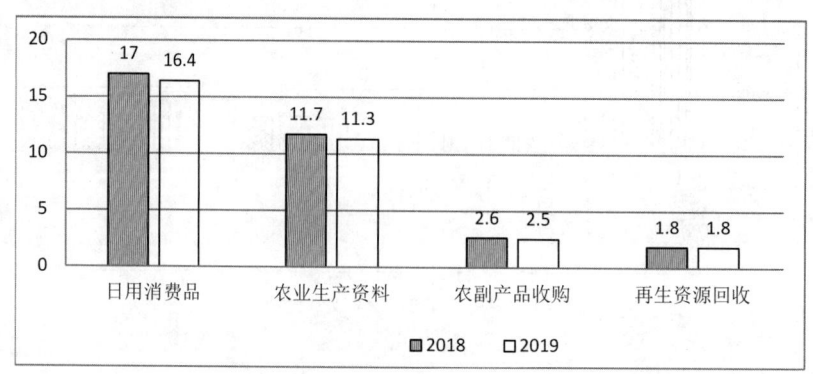

图 2-14　2018 年、2019 年基层社经营网点变化情况(单位:万个)

总体看,日用消费品、农副产品和农业生产资料网点都有所减少,再生资源回收网点数量保持不变。全系统在发展的过程中,对原来规模较小的网点进行整合改善,数量有所降低。

2.农民合作社规范化水平显著提高

(1)领办创办农民合作社数量回升,入社农户数再次增长

截至2020年年末,全系统组织农民兴办的各类专业合作社192460个,比上年增加12648个;入社农户1515.7万人。其中,农民专业合作社联合社9865个。农民专业合作社广泛分布在种植、畜牧、农机、渔业、林业、民间传统手工编织等各个产业,助农增收效果显著。从图2-15可以看出,2006—2018年间,全国供销系统农民专业合作社的数量呈现指数增长的趋势,在2019年有所回落,2020年出现了一波反弹,增长了12648个。从图2-16中可以看出,14年来,农民专业合作社入社农户数一直处于较为平稳增长的发展状态。

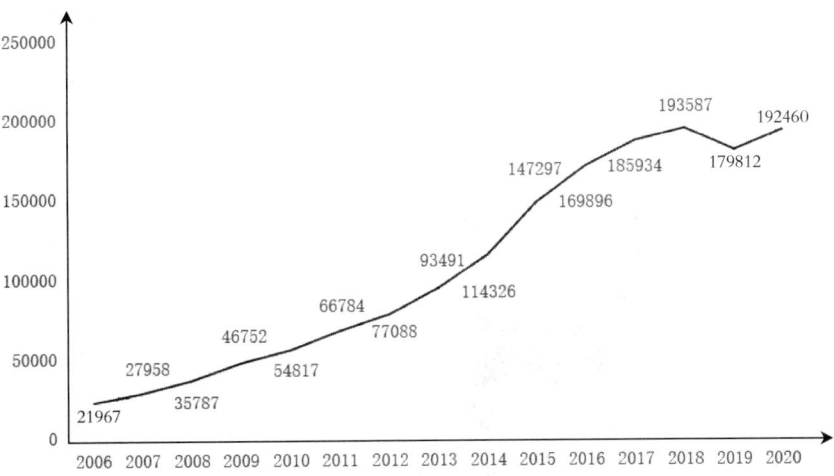

图2-15　2006—2020年全系统农民专业合作社数量(单位:个)

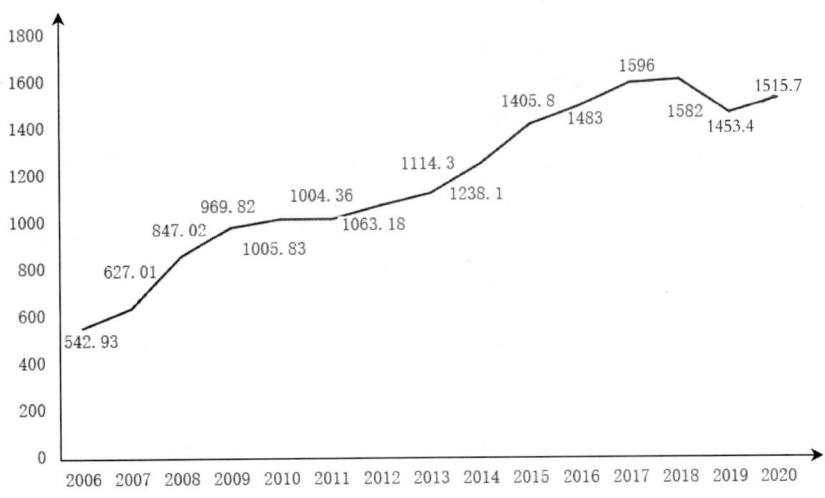

图2-16　2006—2020年农民专业合作社入社农户数(单位:万户)

(2)经营类型丰富,各类合作社动态调整

全系统在巩固提升传统业务的同时,不断拓展房地产、生物医药、装备制造、家居建材、家政服务等新的经营服务领域。我国农民专业合作社从事种植业和养殖业最多。2020年,在全国供销合作系统的各类专业合作社中,农产品类165156个,比2019年增加9417个,同比增长6.05%;农业生产资料类6327个,比2019年增加326个,同比增长5.43%;综合服务类6797个,比2019年增加1187个,同比增长21.16%;其他类14180个,比2019年增加1718个,同比增长13.79%。

在农产品类专业合作社中,棉花专业合作社1321个,干鲜果蔬专业合作社54123个,粮油作物专业合作社22888个,茶叶专业合作社5531个,中药材专业合作社8252个,水产专业合作社6034个;畜禽专业合作社38525个,其他28482个。从图2-17中可以看出,干鲜果蔬专业合作社的数量最多,占总体的32.77%,其次是畜禽专业合作社,占总体的23.33%。从图2-18中可以看出,相比较2019年,2020年各种类型的合作社数量都有一定程度的增加,各类合作社所占比例基本保持稳定。从图2-19中可以看出,近15年来,棉花专业合作社的数量在2010年左右降至最低之后,近几年又出现了波谷。

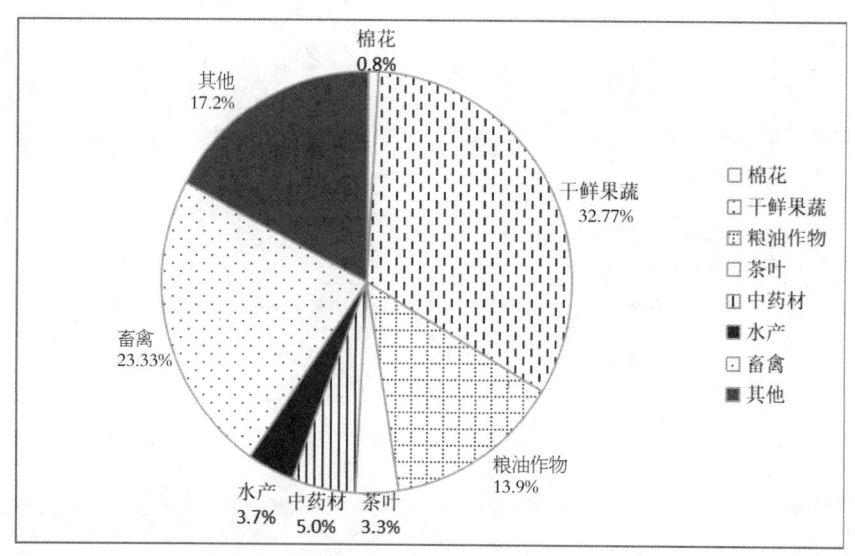

图2-17 2020年各种专业合作社占比

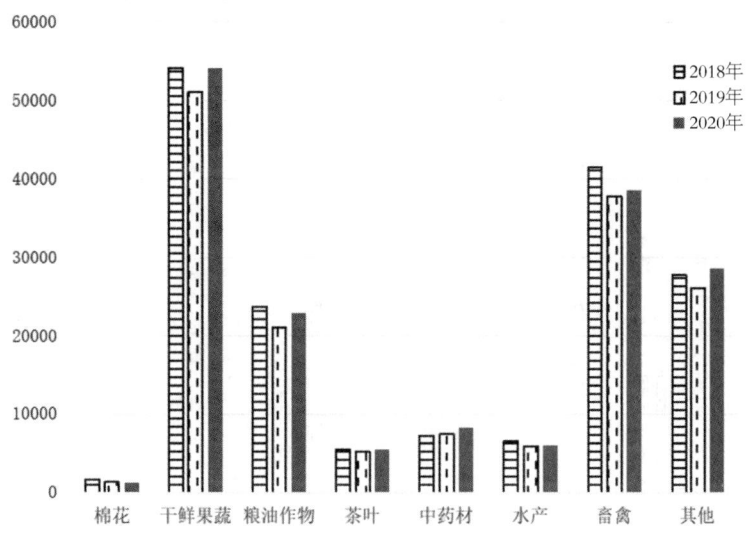

图 2-18　2018 年、2019 年、2020 年农产品类专业合作社数量(单位:千个)

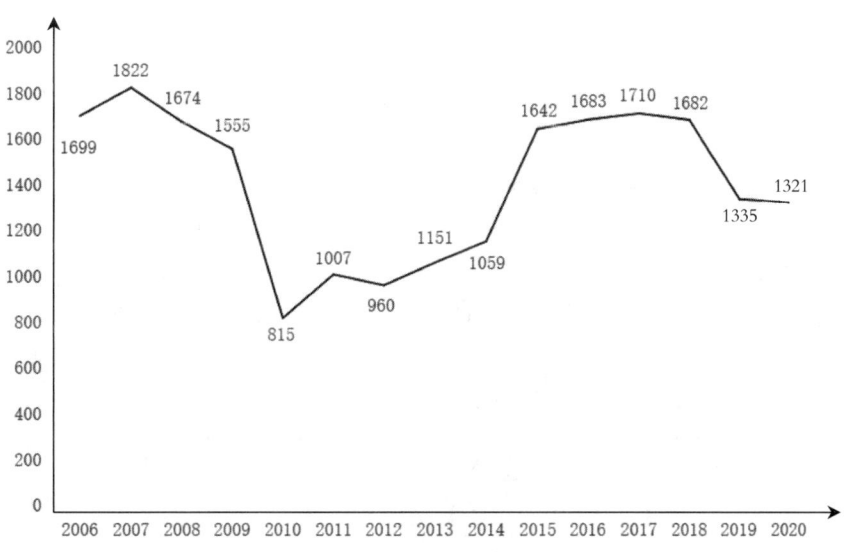

图 2-19　2006—2020 年棉花专业合作社数量(单位:个)

(3)合作社产品认证意识需要进一步增强

2020 年通过有机、绿色、无公害等认证的专业合作社 33344 个。其中,通过有机认证的有 4315 个,通过绿色认证的有 8725 个,通过无公害认证的有 20304 个。有产品注册商标的专业合作社 11777 个,经市、县级以上行政主管部门认定的品牌的专业合作社 3656 个。如图 2-20 所示。这反映出农民合作社在发展绿色农业的过程中,更加注重产品质量认证,这将有力地提升合作社产品的市场竞争力。2020 年有机、绿色、无公害合作社数量和注册商标的专业合作社数量再次出现小幅下降,在现在的市场环境下,需要加大对合作社产品质量认证和注册商标的规范的重视程度,它是树立产品品牌的基础性工作。

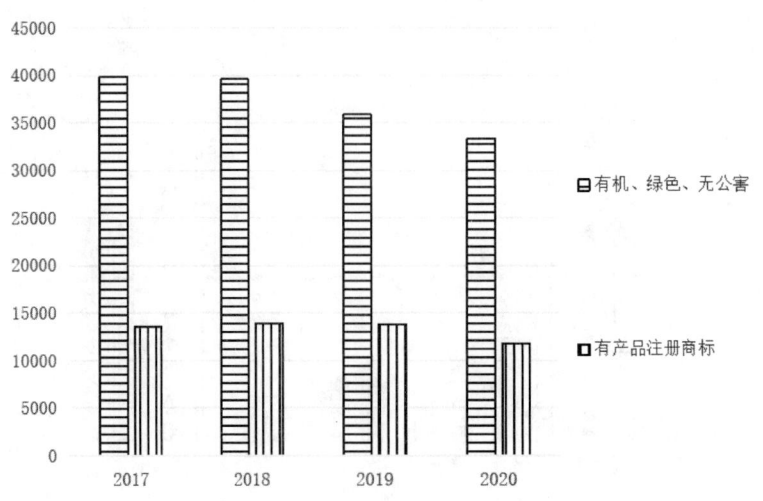

图 2-20　2017 年、2018 年、2019 年和 2020 年认证与注册商标专业合作社数量(单位:千个)

3.社团组织作用充分发挥

(1)社团组织管理制度化,社会组织类型多样化

截至 2020 年年末,全系统主管、领办各类社会组织 17998 个,会员 244.1 万个(人);其中,农村(民)经济组织联合会 4356 个。2019 年年末,全系统主管、领办各类社会组织 17790 个,会员 249 万个(人);其中,农村(民)经济组织联合会 4141 个。相比而言,社团组织的数量和会员总人数基本保持稳定。

从隶属关系角度看,2020 年省社主管、领办 229 个,省辖市社主管、领办 1111 个,县社主管、领办 10956 个,基层社领办 5685 个。从图 2-21 中可以看出,县社主管、领办的社团数量最多,占总体的 60.9%;其次是基层社领办的,占总体的 31.6%。

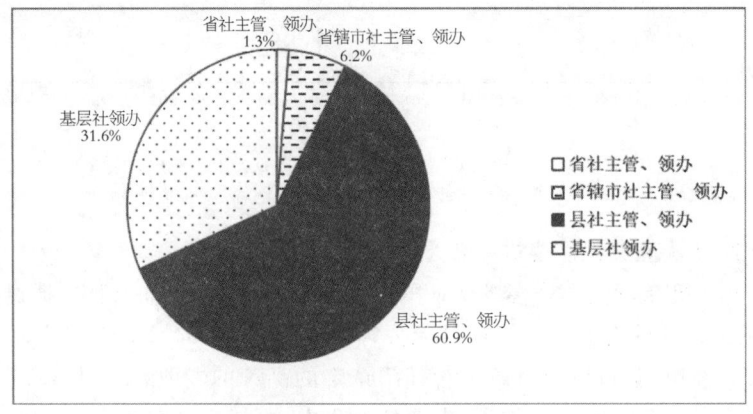

图 2-21　2020 年隶属关系角度的社团组织分类

从组织性质看,协会(商会)12823个,学会(研究会)173个,联合会4541个,民办非企单位444个,基金会17个。

在行业协会中,农产品协会6112个,农产品流通经纪人协会1215个,农业生产资料协会1220个,再生资源协会712个,烟花爆竹协会695个,电子商务协会104个,其他协会2765个。如图2-22所示。从中可以发现,农产品协会是行业协会中最主要的力量,其次是农业生产资料协会、农产品流通经纪人协会、再生资源协会和烟花爆竹协会。这种数量分布与我国农民合作社产业类型的企业数量分布情况是相适应的。

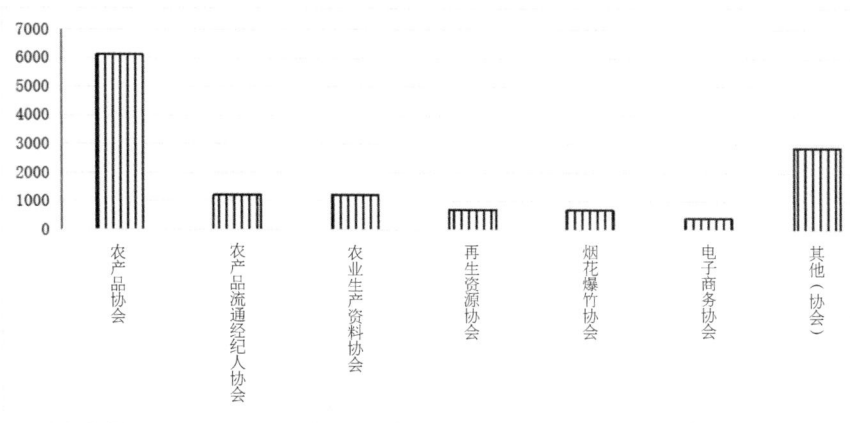

图2-22　2020年行业协会分类(单位:个)

(2)团体会员数量及个人会员数量都有所减少,团体会员比例上升

从会员情况看,2020年全部会员中,团体会员36.5万个,占14.9%,个人会员207.6万人,占85.1%。2019年的全部会员中,团体会员37万个,占14.8%;个人会员212.4万人,占85.2%。如图2-23所示。相比2019年而言,团体会员的数量及个人会员数量都有下降的趋势,但团体会员数量变动并不明显,这反映出团会员得到更多的认可,今后可以借助社团的渠道为农户传递更多有益的信息。

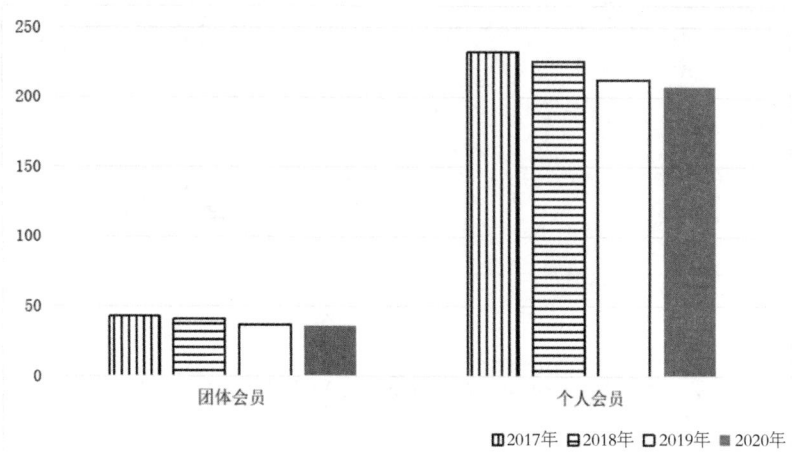

图2-23　2017年、2018年、2019年和2020年会员情况对比(单位:万人)

从图 2-24 中可以看出,2006—2009 年间,全系统社团数量经过一个数量上升的阶段之后,2009 年出现下降,2013—2020 年大致呈平稳趋势,未来,社团数量趋于平衡或许是一种常态。从图 2-25 中可以看出,团体会员的数量和个人会员的数量都在减少,这种变化将对社团管理提出更高的要求。从图 2-26 和图 2-27 中可以看出,农产品协会的数量与社团数量的变化基本保持一致,且其数量最多,这表明社团数量变化主要是由于农产品协会数量变化而导致的。农产品流通经纪人协会的数量变化幅度不大,整体上保持一个平衡状态。从图 2-28 中可以看出,基层社领办的社团数量在 2009 年出现大幅度的下降,2012 年以后出现小幅度回升,近年来处于持续下降的状态,应该引起高度关注。县社主管、领办的社团数量呈非常明显的上升趋势,它是四种类型当中发展最好的。

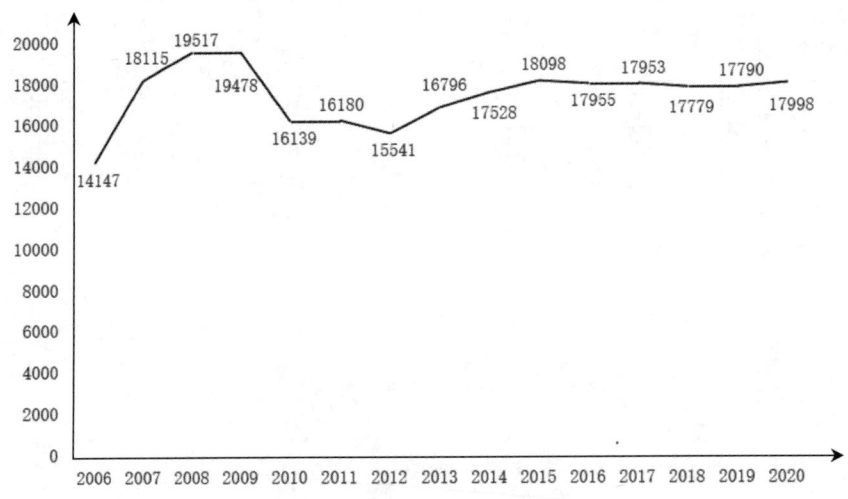

图 2-24 2006—2020 年全系统社团数量(单位:个)

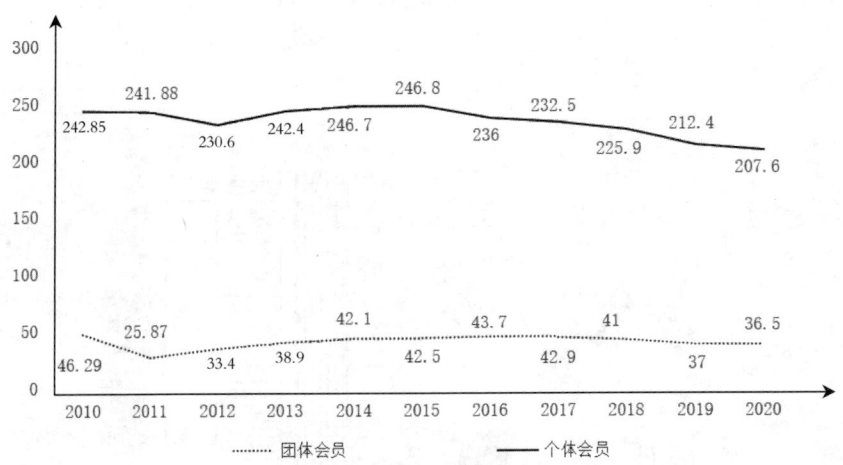

图 2-25 个人会员与团体会员数量情况(单位:万个)

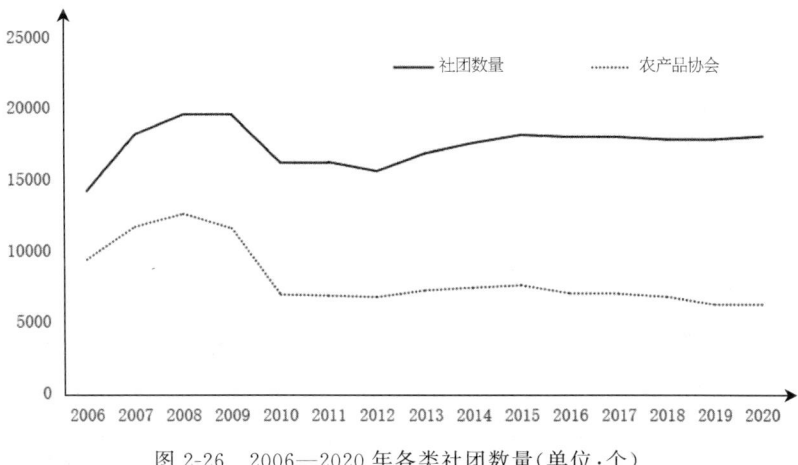

图 2-26 2006—2020 年各类社团数量(单位:个)

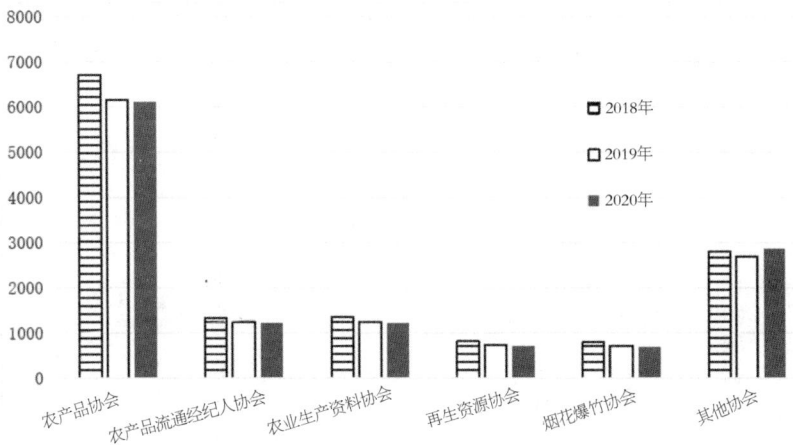

图 2-27 2018 年、2019 年和 2020 年协会所在领域数量情况(单位:千个)

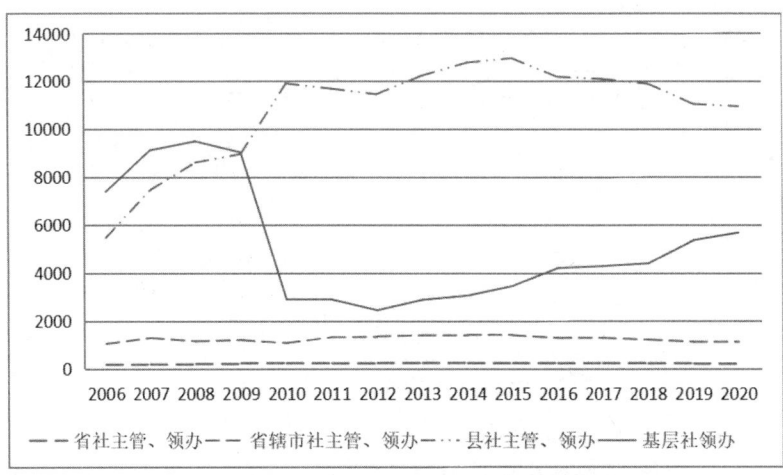

图 2-28 2006—2020 年各级部门管理社团数量(单位:个)

（3）社团组织服务多样化和精细化

2020年，全系统的社团在内部治理、业务拓展和服务产品等市场化建设方面有新突破，各社团在推动服务功能多样化、精细化方面进行了大胆实践，社团在行业内与全社会的社会影响力有新的提高，会员管理、组织资源和自身实力等方面的自身建设呈现出了新面貌。

（三）社有企业发展稳中有进

1. 各类企业数量都有所减少，规模和效益有望提高

全系统把社有企业作为加快供销合作事业发展的重要支撑，加大改革力度，拓展业务领域，大力推动社有企业改革发展，企业规模和效益显著提高。截至2020年年末，全系统共有各类法人企业22739个（不含基层社）。其中，省社所属企业1303个，省辖市社所属企业3041个，县社所属企业16485个。与2019年相比，省社所属企业增加了45个，省辖市社所属企业增加了152个，县社所属企业增加了832个。从图2-29可以看出，全系统法人企业的数量呈现一个"V"字形的发展状态，这种变化是与全系统响应国家的结构改革，企业规模化发展等战略相适应的。全系统各类法人企业数量在连续4年缓慢上升之后，在2012年出现最低点，随后连续增长，目前总体保持在22000个左右。如图2-30所示，全系统各类法人企业整体呈现持续增长趋势。

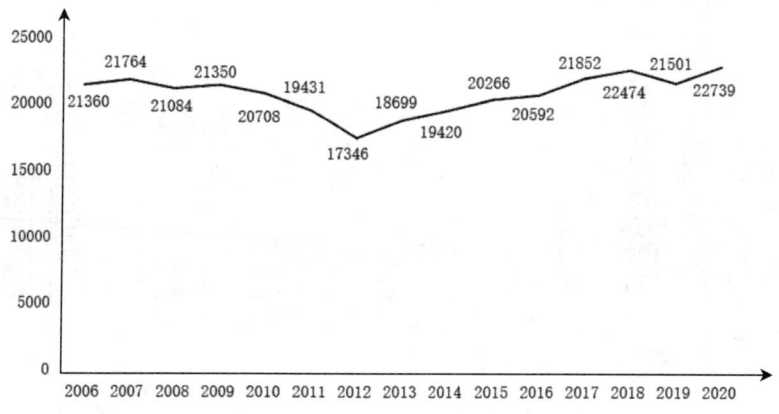

图2-29　2006—2020年全系统法人企业数量（不含基层社）（单位：个）

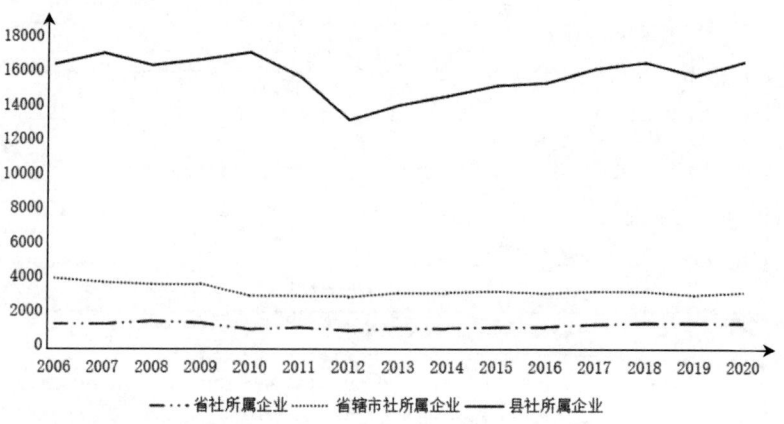

图2-30　2006—2020年全系统各类法人企业数量（单位：个）

2.全资企业、控股和参股企业全面减少,开放办社吸纳的企业缓慢增加

截至 2020 年年末,全资企业 8872 个,控股企业 3729 个,参股企业 4302 个,开放办社吸纳的有业务指导但无资产关系的企业 5836 个。2019 年年末,全资企业 8918 个,控股企业 3793 个,参股企业 4296 个,开放办社吸纳的有业务指导但无资产关系的企业 4494 个。对比这两年的数据可以看出,各类股权企业在数量上均有所变化。具体来看,开放办社吸纳的有业务指导但无资产关系的企业数量有大幅度增加;全资企业和控股企业的数量略微降低,参股企业有较少的增长。股权结构会影响到企业的运营,因此我们需要分析各类股权结构企业增加或减少的原因,以便针对性地采取措施。

从图 2-31 可以看出,全资企业的数量最多,而且整体呈现一个下降的趋势。导致企业数量的变化原因有很多,如果是由于企业规模化发展而引起的,那这种减少是有益的;如果是其他原因,就需要出台一些针对性的举措。

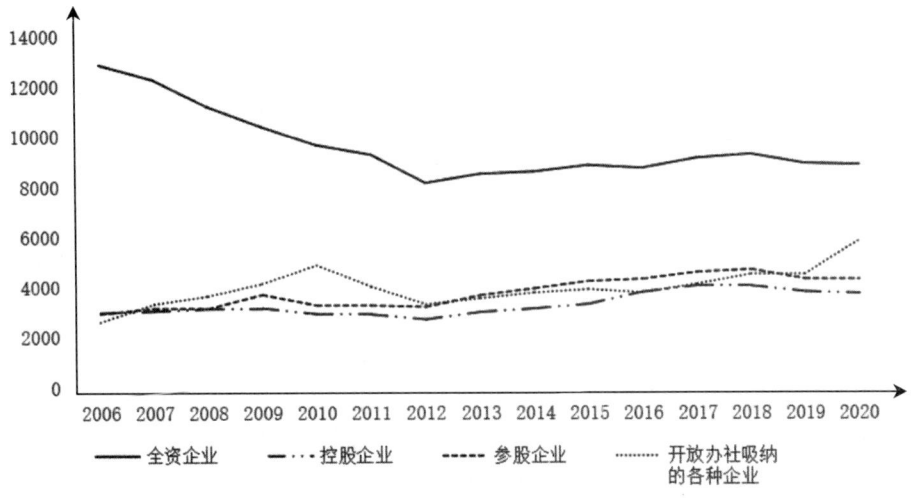

图 2-31　2006—2020 年全系统企业股权情况(单位:个)

3.巩固提升传统业务的同时,不断拓展新领域

在市场经济条件下,供销系统想要培育自己的实力,那就要寻求新的经济增长点,供销合作社只有自己先生存下来,才能更好地为农服务。所以,只要是国家法律允许的行业,供销合作社都可以介入,这样并不会影响供销合作社为农服务的本质。实践也证明,只有供销合作社自己的实力增强,才能引起政府的重视,争取更多的政策扶持,才能更好、更快地恢复供销合作社过去的辉煌。全系统在巩固提升传统业务的同时,不断拓展房地产、生物医药、装备制造、家居建材、家政服务等新的经营服务领域。

从产业类别看,2015 年及以前全系统的产业分为四种类型:批发零售贸易业法人企业、宾馆和饭店、工业生产加工企业和其他法人企业。2016 年全系统的产业则合并为批发零售贸易业法人企业、生产加工企业和其他服务业法人企业三种类型。从表 2-1 可以看出,与 2015 年相比,2016 年和 2017 年间,大多数企业数量表现出明显的递增趋势;2017 年与 2018 年相比,批发零售贸易业法人企业、各类加工企业和其他服务业法人企业都有明显的上升;2019 年,各类企业数量都有小幅度的减少;2020 年,各企业又有一波回升。在全系统响应国家产业结构调整的过程中,应该关注这些产业领域相关企业的变化情况,尤其是再生资源加工企业等的变化应该引起一定的关注。

表 2-1 2015—2020 年各种企业类别及其数量情况

时间	企业细分类别	数量	企业类别	数量
2020 年	批发零售贸易业法人企业	16219	农业生产资料经营企业	3844
			农副产品经营企业	5132
			日用消费品经营企业	3508
			再生资源经营企业	1449
			其他类型经营企业	2286
	各类生产加工企业	2083	工业品生产加工企业	476
			农产品生产加工企业	1472
			再生资源生产加工企业	135
	其他服务业法人企业	4599	宾馆、饭店和餐饮业企业	281
			物流业企业	336
			其他	3982
2019 年	批发零售贸易业法人企业	15497	农业生产资料经营企业	3711
			农副产品经营企业	4408
			日用消费品经营企业	3441
			再生资源经营企业	1465
			其他类型经营企业	2472
	各类生产加工企业	1909	工业品生产加工企业	503
			农产品生产加工企业	1280
			再生资源生产加工企业	126
	其他服务业法人企业	4095	宾馆、饭店和餐饮业企业	272
			物流业企业	292
			其他	3531
2018 年	批发零售贸易业法人企业	16249	农业生产资料经营企业	3896
			农副产品经营企业	4465
			日用消费品经营企业	3649
			再生资源经营企业	1507
			其他类型经营企业	2732
	各类生产加工企业	2039	工业品生产加工企业	625
			农产品生产加工企业	1276
			再生资源生产加工企业	138
	其他服务业法人企业	4186	宾馆、饭店和餐饮业企业	292
			物流业企业	286
			其他	3608

续 表

时间	企业细分类别	数量	企业类别	数量
2017年	批发零售贸易业法人企业	16041	农业生产资料经营企业	3873
			农副产品经营企业	4210
			日用消费品经营企业	3630
			再生资源经营企业	1538
	各类生产加工企业	1869	工业品生产加工企业	641
			农产品生产加工企业	1114
			再生资源生产加工企业	114
	其他服务业法人企业	3942	宾馆、饭店和餐饮业企业	292
			物流业企业	281
			其他	3369
2016年	批发零售贸易业法人企业	15245	农业生产资料经营企业	3687
			农副产品经营企业	3720
			再生资源经营企业	1509
	生产加工企业	1804	工业品生产加工企业	650
			农产品生产加工企业	1043
			再生资源生产加工企业	111
	其他服务业法人企业	3543	宾馆、饭店和餐饮业	284
			物流业	257
			其他	3002
2015年	批发零售贸易业法人企业	13813	农业生产资料经营企业	3775
			农副产品经营企业	3320
			再生资源经营企业	1709
	宾馆、饭店	301	星级宾馆	—
	工业生产加工企业	1481	农产品加工企业	1943
			再生资源加工企业	191
	其他法人企业	4671	仓储运输	250
			房地产开发企业	120
			金融担保企业	126

注：全国供销合作社系统基本情况统计公报中，因统计口径不同，本表只对近六年数据进行统计。

4.连锁配送企业数量增加，销售额恢复性增长

截至2020年年末，全系统连锁企业6697家，拥有配送中心10802个，发展连锁、配送网点83.2万个。其中：直营连锁、配送网点15.5万个，加盟连锁、配送网点67.7万个；县及县以下连锁、配送网点78.1万个。从这些数据中可以发现，全系统的连锁配送企业和配送中心都有大幅度增加，而连锁、配送网点近两年出现了连续的下降。从各类企业的规模和数量来看，农业生产资料连锁经营企业、日用消费品连锁经营企业、烟花爆竹连锁经营企业和医药连锁经营企业是主要力量。

而从表2-2的数据看，连锁、配送网点是全系统流通领域的重要力量，配合和实施"新网工程"中，它们将扮演非常重要的角色。这些网点数量的降低，将对各类农产品流通的速度造成一定影响，提升供销系统为农民流通服务的能力是未来发展的重要路径。

表 2-2 2015—2020 年各类连锁配送企业及其数量情况

年份	企业类型	数量		数量		数量
2020 年	全系统连锁企业	6697 家	配送中心	10802 个	连锁、配送网点	83.2 万个
2019 年	全系统连锁企业	5997 家	配送中心	9663 个	连锁、配送网点	84.6 万个
2018 年	全系统连锁企业	6679 家	配送中心	10722 个	连锁、配送网点	94.6 万个
2017 年	全系统连锁企业	6781 家	配送中心	1094 个	连锁、配送网点	18.3 万个
2016 年	农业生产资料连锁经营企业	2354 家	配送中心	5551 个	连锁、配送网点	34.4 万个
	日用消费品连锁经营企业	1531 家		1960 个		34.1 万个
	再生资源连锁经营企业	508 家		233 个		4 万个
	农副产品连锁经营企业	882 家		1089 个		5.9 万个
	烟花爆竹连锁经营企业	912 家		1543 个		16.9 万个
	医药连锁经营企业	91 家		75 个		6168 个
2015 年	农业生产资料连锁经营企业	2500 家	配送中心	6427 个	连锁、配送网点	37 万个
	日用消费品连锁经营企业	1602 家		2553 个		35.7 万个
	烟花爆竹连锁经营企业	977 家		1720 个		18.1 万个
	医药连锁经营企业	98 家		86 个		7838 个

2020 年,全系统连锁经营销售额 10346.1 亿元,同比增长 14%。从图 2-32 可以看出,2006 年到 2018 年之间,连锁企业销售额一直处于线性增长的过程,且增长的速度处于较高水平,而 2019 年,连锁企业销售额出现一次大幅度下降,2020 年有明显回升趋势。

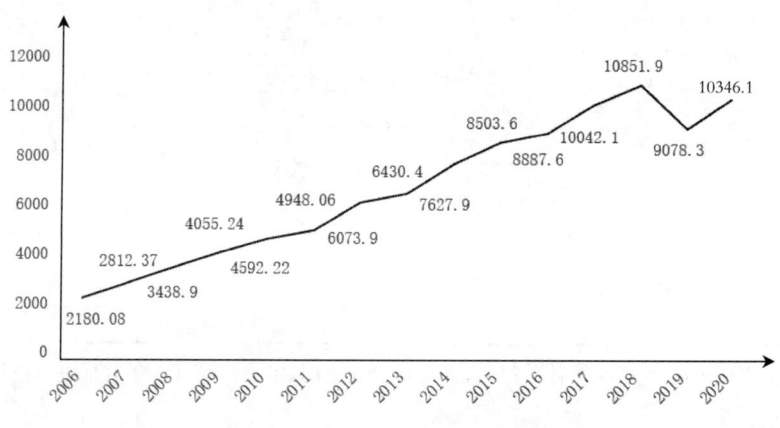

图 2-32 2006—2020 年连锁企业销售额(单位:亿元)

5.龙头企业数量趋于稳定

龙头企业是农业产业化过程中非常重要的力量。中国供销集团、北京粮食集团有限责任公司、江苏苏果、安徽辉隆、聚超网、黑龙江倍丰等一批社有企业迅速发展壮大,成为具有重要行业影响力的骨干龙头企业。截至 2019 年年末,全系统有各级政府和省以上有关部门认定的农业产业化龙头企业 2240 个。其中,省部级及以上认定的农业产业化龙头企业 811 个。截至 2020 年年末,全系统有各级政府和省以上有关部门认定的农业产业化龙头企业 2412 个。其中,省部级及以上认定的农业产业化龙头企业 952 个。从图 2-33 中可以看出,2006—2019 年间,处于持续波动的状态,农业产业化龙头企业的数量在 2009 年达到高峰,经历了 2010 年的下降之后,2013 年、2014 年和 2015 年开始反弹,2015 年到 2020 年,龙头企业数量处于持续波动状态,龙头企业的数量或将趋于稳定。

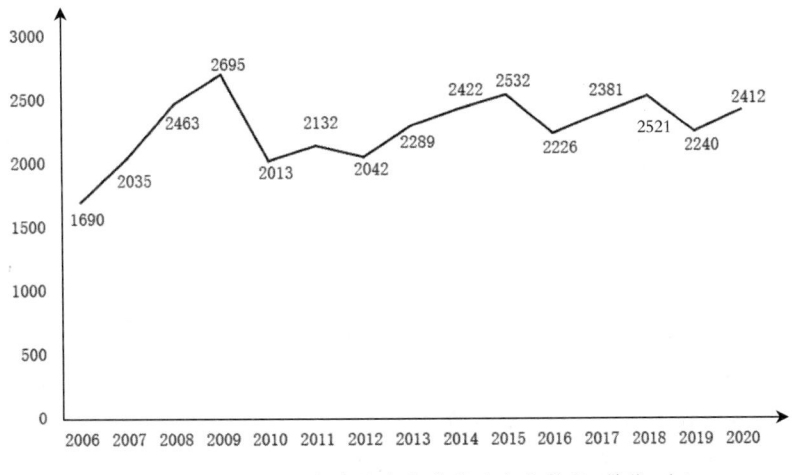

图 2-33　2006—2020 年农业产业化龙头企业数量(单位:个)

(四)为农服务能力明显提升

1.农业社会化服务类型多样,服务效果显著

截至 2020 年年末,全系统土地全托管面积 3701.3 万亩,土地流转面积 3923.2 万亩,配方施肥服务 12350.4 万亩次,统防统治服务 11448.9 万亩次,农机作业服务 8454.3 万亩次。全系统共培训农村实用人才 182.4 万人次,发放科技资料 775.1 万份。

2.综合服务社数量上升,为各种服务提供平台

截至 2020 年年末,全系统共建立农村综合服务社 44.8 万个,比上年增加 22478 个。其中,与村委会共建 59628 个,农村综合服务中心 73766 个;生产性为农服务中心 18041 个;庄稼医院 74733 个,增加 3966 个。从图 2-34 可见,2006—2020 年的村级综合服务站数量呈现线形增长的趋势,体现出越来越多的农民群众享受到供销合作社带来的便利实惠、安全优质服务。全系统为农户提供综合服务的能力不断提升,有利于拓展系统为农服务领域。

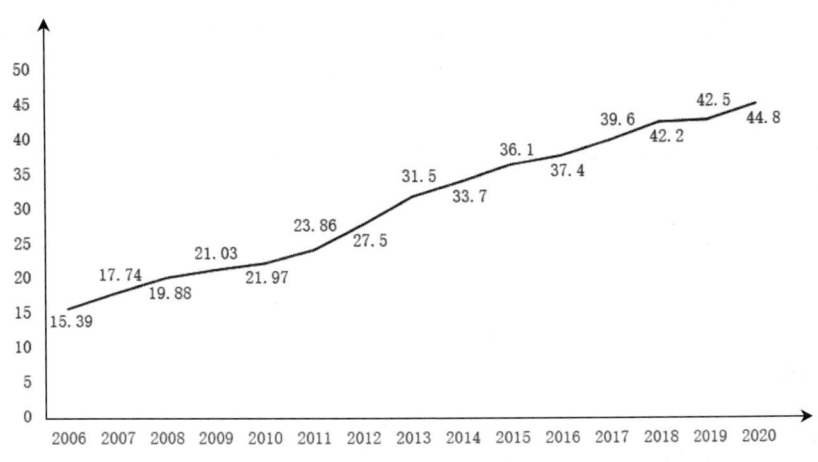

图 2-34　2006—2020 年村级综合服务站数量(单位:万个)

(五)人员结构日趋合理

1.全国供销合作社机关与人员数量基本稳定

(1)供销合作社机关数量较为稳定

全国供销合作社系统由中华全国供销合作总社、省级供销合作社、地级供销合作社、县级供销合作社、基层供销合作社五级组织机构组成。截至2020年年末,全系统有县及县以上供销合作社机关2789个,其中,省(区、市)及新疆生产建设兵团供销合作社(以下简称省社)32个,省辖市(地、盟、州)供销合作社(以下简称省辖市社)344个,县(区、市、旗)供销合作社(以下简称县社)2412个。全系统有基层社37652个,比上年增加5187个。2019年年末,全系统有县及县以上供销合作社机关2762个,其中,省(区、市)供销合作社(以下简称省社)32个,省辖市(地、盟、州)供销合作社(以下简称省辖市社)340个,县(区、市、旗)供销合作社(以下简称县社)2389个。从数量上看,全国供销系统合作社机关的数量基本稳定、变化不大。

(2)事业单位数量小幅下降,企业化管理单位数量明显下降

截至2020年年末,各级供销合作社所属事业单位217个。其中,省社所属事业单位61个;省辖市社所属事业单位57个;县社所属事业单位82个。从经费来源看,全额拨款的85个,差额拨款的28个,定额补助的6个,自收自支的98个。截至2019年年末,各级供销合作社所属事业单位258个。其中,省社所属事业单位61个;省辖市社所属事业单位67个;县社所属事业单位114个。从经费来源看,全额拨款的108个,差额拨款的29个,定额补助的6个,自收自支的115个。从这两年的数据看,各级供销合作社所属事业单位的数量有所下降,但下降幅度并不大,反映出我国供销合作仍然处于较为稳定的状态。

(3)财政全额拨款机构增加较快,定额补贴和自收自支机构减少

2020年,全国供销系统各级合作社机关的经费来源分为财政全额拨款、差额拨款、财政定额补贴和自收自支四种类型。财政全额拨款的2517个,占90.2%。其中,省社机关30个,省辖市社机关327个,县社机关2159个。差额拨款的93个,占3.3%,均为县社机关。财政定额补贴的44个,占1.6%,均为县社机关。实行自收自支的135个,占4.8%,其中,省社机关2个,省辖市社机关17个,县社机关116个。

总体看,全国供销系统合作社机关的经费来源方面,财政拨款的各级机关数量有一定增加,其他来源的机关数量减少。这反映了国家对供销系统在财政方面加大了支持力量,将更加有利于合作社机关完成其行政管理和公益性服务的功能。

(4)机关人员编制稍有减少,总体保持稳定

截至2020年年末,全系统县及县以上供销合作社机关人员编制4.9万个。其中,参照公务员法管理的人员编制3.4万个,占总人员编制数的70.1%。而2019年年末,全系统县及县以上供销合作社机关人员编制5万个。其中,参照公务员法管理的人员编制3.5万个,占总人员编制数的69%。可以看出合作社机关人员的数量变化并不大。

2.人员结构更趋合理,受教育程度稳步提高

(1)全系统职工总人数稳步减少

截至2020年年末,全系统共有职工326万人,比2019年增加了4.8万人。其中,实际从业人员208.1万人,比2019年增加了8.3万人;离开本单位仍保留劳动关系的人员25.2万人,比2019年减少了1.7万人;离退休人员92.7万人,比2019年减少了1.8万人。离退休人员

中,已参加社会统筹养老保险的人员90.5万人,占97.7%。

从图2-35可以看出,2020年全系统职工总人数虽然有小幅度增长,但整体呈现一个下降的趋势。对比图2-36可以发现,总体人数上升的主要原因是实际从业人员数量有较大幅度的上升,而离退休人员和离开本单位仍保留劳动关系的人员数量则一直处于缓慢下降的趋势。这种人员数量的变化会引起人员结构的变化,这种变化会更有利于全系统的健康发展。

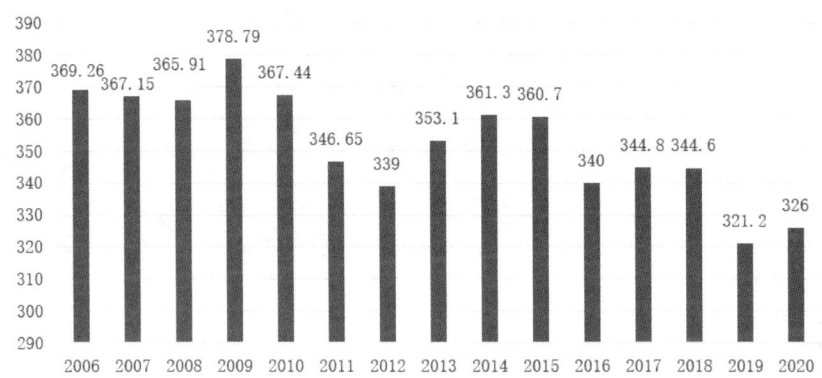

图2-35　2006—2020年全系统职工总人数(单位:万人)

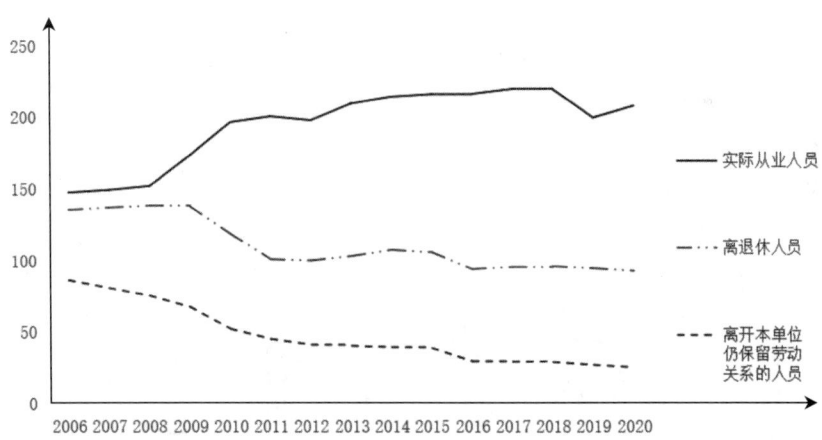

图2-36　2006—2020年全系统职工分类统计(单位:万人)

(2)从业人员中45岁以下占到69.2%,年龄结构更趋合理

从图2-37可以看出,2020年实际从业人员中,35岁及以下63.5万人,占30.5%;36～45岁75.2万人,占36.1%;46～55岁53.8万人,占25.9%;55岁以上15.6万人,占7.5%。全系统实际从业人员的年龄结构保持相对稳定,而且比较合理。

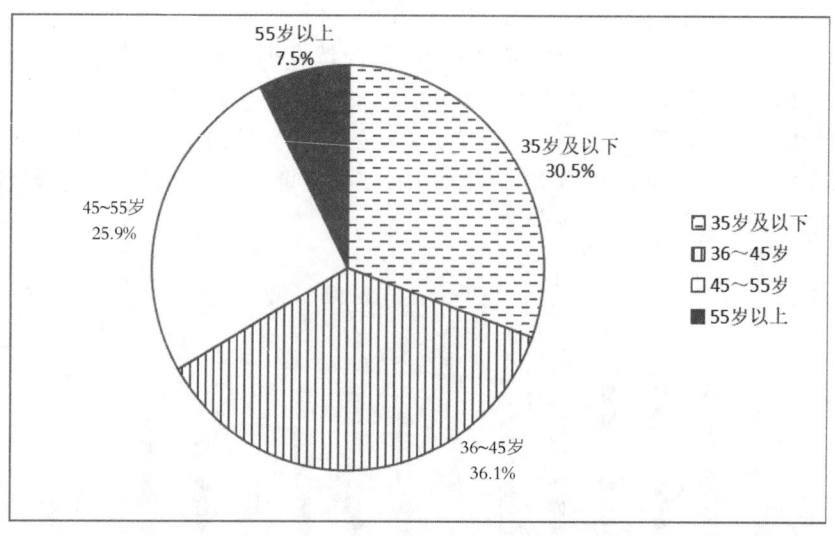

图 2-37 2020 年实际从业人员年龄结构

(3)从业人员受教育水平降低,高学历人员大幅度减少

2020 年从业人员中,具有高中专以上学历的 49.4 万人,占实际从业人员总数的 23.7%,其中,大专学历 34.2 万人,本科学历 14 万人,研究生学历 1.2 万人。从总量上看,具有高中专以上学历的人数和所占比例有大幅降低,这种变化与全系统从业人员数量变化有一定关系。从图 2-38 和图 2-39 可以看出,2010—2019 年间,高层次学历的从业人员数量迅速提高,而 2020 年,该数量出现了下降。

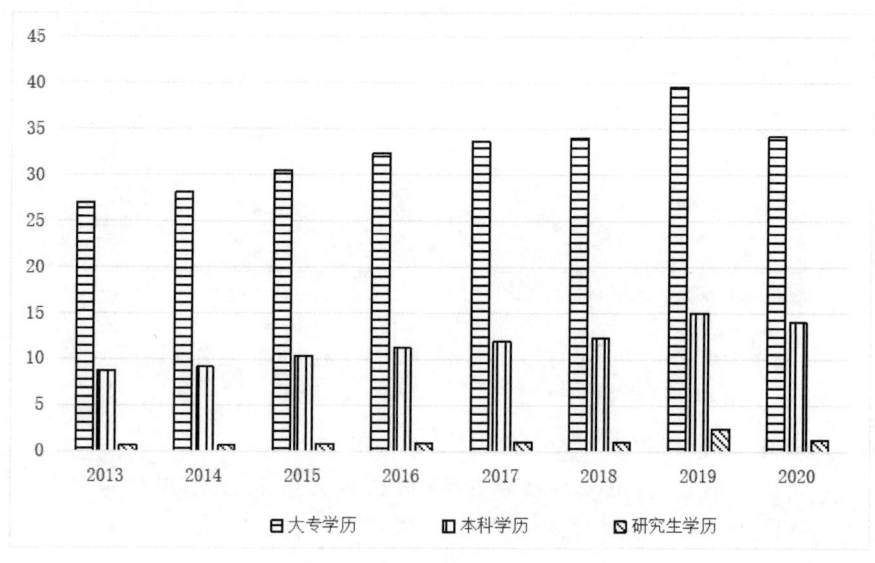

图 2-38 2013—2020 年大专及以上学历人数(单位:万人)

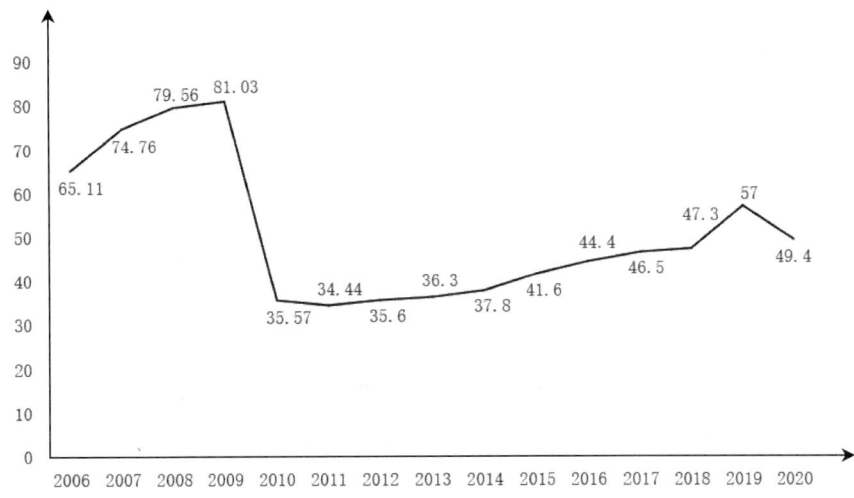

图2-39 2006—2020年高中专以上学历人数(单位:万人)

(4)各类组织的从业人员普遍减少

2020年实际从业人员中,各级联合社机关4.8万人,较2019年减少了0.1万人;企业114.1万人,较2019年减少了0.2万人;事业单位1.4万人,较2019年没发生变化;基层社69.4万人,较2019年增加了8.6万人;社团组织18.5万人,较2019年增加了0.1万人。从人数来看,联合社机关和企业都有所降低,尽管降低的幅度不大,基层社和社团组织有少量的增长。

从图2-40来看,从业人员分布在企业中的人数最多,占总体的54.8%,其次主要分布在基层社、社团组织,联合社机关和事业单位人员较少,只占总体的2.3%和0.7%。从图2-41来看,各领域的人数和所占比例都基本保持在一个稳定的状态。

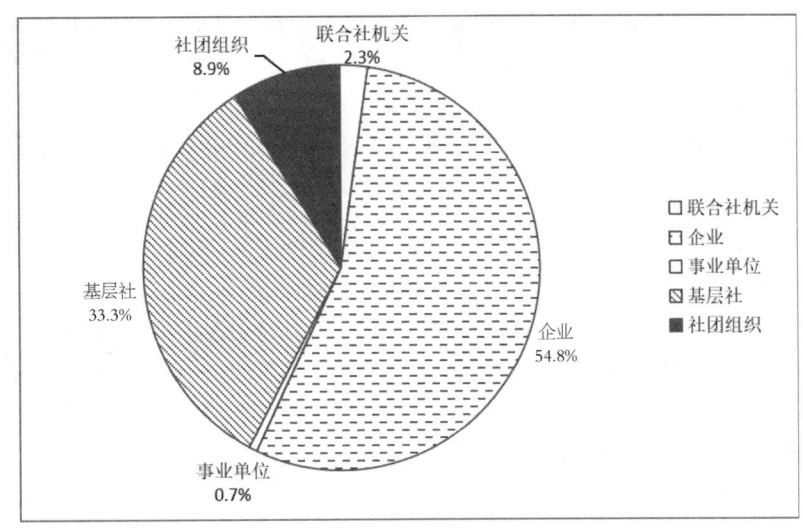

图2-40 2020年从业人员分布状况

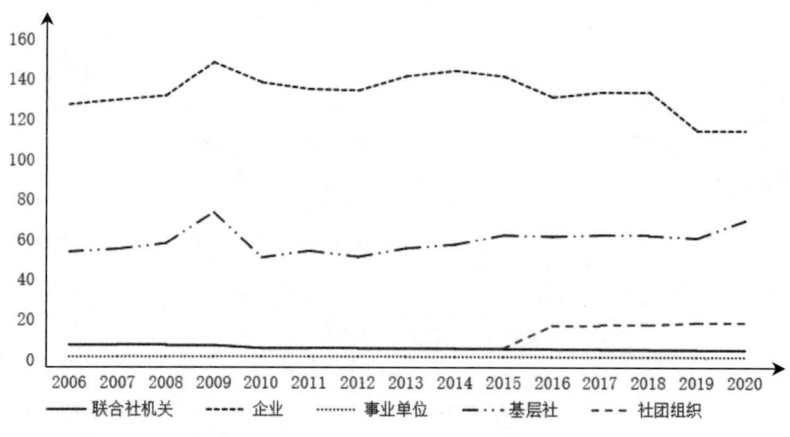

图 2-41　2006—2020 年从业人员分布状况

二、全国供销合作社改革发展中存在的主要问题

作为党领导下的为农服务的综合性合作经济组织,供销合作社是推动我国农业农村发展的一支重要力量,也是党和政府做好"三农"工作的重要载体,是促进农村经济社会发展的重要力量。近年来,供销合作社全面深化综合改革,持续提升服务能力,在促进现代农业建设、农民增收致富、城乡融合发展等方面作出了积极贡献。然而多年的改革发展,供销社面临的不足与问题也逐步凸显,制约了供销社整体作用和优势的发挥。

(一)体制机制方面的改革成效有待进一步显现

供销合作社长期扎根农村、点多面广,服务主体多元、服务内容多样,在构建服务农民生产生活的综合平台方面,具有得天独厚的基础条件。首先,供销社系统拥有遍布城乡、星罗棋布的经营网络,这是发展现代流通方式最丰富的组织资源和渠道资源。其次,供销社系统初步形成了比较完整的综合服务体系。再次,供销社系统拥有一支熟悉"三农"的人员队伍和适应农村的专门人才。但随着经济社会快速发展,供销社的管理体制和机制已经受到挑战,供销社组织体系尚未形成上下贯通、运行高效的运行体制机制也导致其服务网络的规模优势尚未有效发挥,综合改革的效应有待进一步体现。

1.供销系统内部联合与合作的体制和机制尚未建立

各级供销社内部组织化程度低导致实现同类联合的难度加大。各级供销社网点遍布城乡各个角落,具有"点多、面广、腿长"的特点,但是普遍规模小、组织化程度低,大多数单体企业实力较弱,再加上行政区划等原因条块分割,同类型企业多,同业竞争严重,在资源整合的基础上实现同类联合的难度加大。在经营网点的选择上,不能摆脱急功近利、嫌贫爱富的阴影。城镇规模较大,经济发展状况良好的村镇往往具备良好的经营环境和发展空间,但不能不正视在这样的地区竞争也更加激烈的现实。而在偏远的欠发达地区,却具有前者所没有的市场潜力和消费需求。

2.体制机制改革尚未取得实质性进展

(1)各级供销社尚未形成统一的网络规模。供销社构建现代流通网络、参与农业产业化经营的切入点在于流通,但是流通仅有个别网点或是龙头企业远远不够,因为单个企业或基层供销社,尽管可能发挥一定的流通作用,但要真正承担起组织农民进市场、延伸农业产业链的重任,还是显得无能为力。在许多地方,农民卖不出去的东西,供销社同样卖不出去,其原因就是因为单个供销社企业并不见得比农民高明。因此,供销社在流通之外还需要强大的网络连接,形成统一的网络规模。只有在网络的基础上,将供销社分散的经营网点通过适当方式联结起来,把点连成线,把线结成网,有了一个信息通畅、流转顺畅的大流通网络,供销社的优势才能充分地发挥出来。

(2)松散的运行机制使得经营模式单一趋同。供销合作社基层经营网络大多是在集贸市场基础上发展起来的,实行家庭联产承包责任制以后,基层经营网络在解决农民"买难""卖难"问题上发挥了重要作用。但长期以来单打独斗加之粗放型经营,所经营商品也仅停留在农民的生产资料和必需的生活资料上,既不能组织收购大批量的农副产品,又无力经营大宗商品(如彩电、冰箱、空调、洗衣机等),加上基层经营网络难以延伸到交通不够便利、消费群体分散的区域,因而不能满足广大农民日益增长的物质文化生活需要。

(二)基层基础尚不稳固

目前,各地供销社发展不平衡不充分的问题比较突出,部分县级社、基层社经济实力还不够强,为农服务的能力还不能满足农民生产生活需要。农业社会化服务范围广、内容多、要求高,供销社要通过深化改革解决好服务能力不强、规模不大等问题。建设农业社会化服务体系,关键在基层,难点也在基层。可以说,我国基层社是整个供销合作社组织体系中最薄弱的环节,总体存在着经营服务能力不强、规模不大的问题。具体表现在以下几个方面。

1.与农民利益联结不够紧密

供销社的发展根基在农村、在农民。二十二年曲折发展的历程证明,供销社只要扎根农村、服务农民,就会有作为、有价值、有力量,事业发展就呈现出广阔前景;一旦远离了农村、脱离了农民,改革就会步入歧途,发展就会陷入困境。供销合作社既然称之为"合作社",就必须遵循其原理,服从其原则。联合是供销社的组织特征,也是供销社的优势所在。所以必须争取最广泛的与农合作和联合。供销社自改革以来,方向性定位是准确的,即是为农服务的合作经济组织,但在体现"合作经济"的原始属性——"合作制"上,已经发生了较大偏移。这虽然未对供销社经济发展产生大的影响,但对供销社秉承为农服务宗旨,密切与农民利益联系,成为真正的农民合作经济组织是十分不利的。

2.基层供销社为农服务能力还不适应农业农村发展的需要

一是传统主营业务萎缩,为农业农村发展提供的服务供给有限。如在农副产品收购和生活资料供应方面,市场需求大,但基层社所占市场份额小,能提供的服务有限,市场多由个体经营者抢占;在农技咨询、信息服务、文化娱乐等方面基层社参与更少。这与城乡经济协调发展的需要、农业产业化的需要、农民生活的需要相比还有很大距离。二是供销社服务对象是农民。目前多种流通力量打破了这种垄断局面,出现了交叉经营。为寻求市场,供销社经营范围已从农民扩大到全社会。同时,农民不仅仅是从事种植业的农民,也包括从事商业、工业、运输、信息等行业的农民。这就要求供销社的职能必须从计划指定的农产品和工业品流通,扩大到任何商品的流通;从产品流通的单一职能扩大到产品生产(如农产品加工、轻工生产、直接的农产品生产)和非产品经营(如技术、信息服务等)的多元化经济职能。只有这样,才能适应社会经济的多元要求,求得生存与发展。

3.参与农业产业化的能力严重不足

一是从资金方面看,目前基层供销社普遍缺乏初始投入能力,资金紧缺,与银行基本不发生业务关系,客观上导致了基层供销社的商业取向,要么把自己视为一般的商业经营组织,要么将自己当作坐地收金的"业主",缺乏明确的发展目标;二是经营方式落后,缺乏将基层组织建设与联合社建设、经营网络建设、社有企业发展有机结合起来,而是习惯于化整为零和"一买一卖"的经营模式,难以适应日益变化的市场需要。三是参与农业产业化经营的组织优势受到削弱。从体制上看,基层供销社经过几年的减债减人,转换机制,有的全面实行抽资承包后,多数职工已成为独立开展经营的自营商,有的改成了股份制或股份合作制,已难以发挥系统组织优势。同时,整体工作机制也不完善,一管就死,一放就乱,在强化供销合作社的控制力与调动经营管理者积极性的结合上缺乏有效的办法。

(三)社有企业的规模实力和发展活力有待提升

社有企业改革滞后,规模实力和发展活力还不强,总体发展水平与构建经营服务体系的要求还不适应,市场竞争力弱,引领行业发展的龙头企业相对较少,社有资产管理体制机制有待健全。一是经济实力不强,抗风险能力差。经过几十年的发展,社有企业大多积累了一定的社有资产,大多数社有企业依靠这些资产的租赁收入作为主要经济来源。然而这些资产几乎都有数量多、个头小,优良资产少,抗风险能力差等特点,由此导致自身积累不足,发展缓慢,缺乏竞争能力。同时社有企业整体实力较弱,形式上完成了改制,实际上受到老体制机制的制约影响,企业活力没有得到增强,经济总量偏小;社有企业之间相对封闭,资源共享不充分,整合意识不强。二是规范的现代企业制度尚未完全建立,企业法人治理结构尚不完善。现代企业制度的基本特征是"产权明晰,责权明确,政企分开,管理科学"。长期以来,供销社实行社企合一的资产管理制度,仍未完全按照现代企业制度要求建立社有资产管理体制,所有权和企业的法人财产权没有完全分离,出资人与企业之间权利义务与职责界限仍不明确。供销社企业的法人治理结构不完善,有效制衡的股东会、董事会、监事会和经理层"三会一层"制度尚未建立;社企不分、多头管理没有得到根本改变。供销社职能定位不清晰,不能摆脱社企不分、多头管理的困境。供销社社有企业既承担部分公益性服务"三农"的职责,又作为自负盈亏、追求利润最大化的经营实体,以效益最大化和为"三农"服务等多重目标对社有企业进行监督管理,造成社企不分。若干内设机构仍是以行政化的手段管理企业,未能站在出资人的角度以价值化、市场化操作方式管理企业,难以对社有资产进行全面、协调的管理,难以有效行使出资人的职责;三是出资人缺位,有效监管制度不完善,缺乏有效的经营者激励与约束机制。县级以上供销社作为参照公务员管理的事业单位,理事会在履行出资人职责时往往出现缺位或错位的现象。虽然各级供销合作社理事会是本级社集体资产所有权的代表和资产的管理者,但资产控制权往往掌握在供销社的少数中高级管理人员(内部人)手中。这些中高级管理人员拥有资产的控制权,但缺乏收益权。剩余控制权和剩余索取权的不对称导致他们缺乏有效的激励去实现资产价值的最大化。同时,由于对其行为和绩效没有来自最终所有者的监督和评估,也常常会出现控制权的滥用。由此,"内部人控制"问题也就在所难免。

(四)人才队伍建设亟待加强

供销社深化综合改革,积累经验,锤炼队伍,供销社干部队伍状况总体上是好的,基本上适应了企业发展的需要,但是我们也应看到,当前也有一部分干部的素质还不能完全适应。主要表现在：一是基层社的人才短缺问题尤其突出。由于基层供销合作社行业的人均收入水平相对较低，对中、高端人才缺乏吸引力，目前供销系统网络经营、管理人员，多数是原企业改制时留下来的，理念和知识陈旧，无法适应传统业务转型与新兴业务发展的现实需要。二是干部职工理论素养和知识水平不适应，业务能力、工作水平有待提高。工作岗位固定，培训交流少，外出学习少，思想封闭僵化，凭经验、凭惯性去工作，存在能力危机问题。在创新创业上，过分强调客观因素影响，缺乏创新能力、开拓能力，创业意识淡薄，出现严重本领恐慌。三是干部职工队伍年龄结构不合理，人才匮乏。人员老龄化现象突出，尤其是干部队伍年龄都偏大。目前，各基层社和流通企业主要负责人、市联社机关中层干部平均年龄都较大，市联社领导干部平均年龄更大。干部人才出现断层，真正了解供销社、热爱供销社、懂经营、善管理的专业人才储备不足，合理的人才梯队建设进展缓慢，人才匮乏成为制约发展的最大短板。四是干事创业的积极性不高。受基础条件、体制机制等客观因素和人的主观能动性等因素的影响，部分干部创业激情有所退化，习惯于按部就班，四平八稳过日子，看摊守业思想严重，工作业绩与兄弟单位形成较大差距，导致全系统发展不平衡。

（五）中国特色供销合作社发展之路的理论研究有待深入

怎样走中国特色供销合作社发展之路？合作社是什么？为什么发展合作社？诸如此类合作经济理论问题、合作社文化，我国理论界缺乏深入系统的研究。实际工作部门从布置工作的需要出发，所做出的有限探索又往往停留在表面，很多提法还停留于一般理论水平，没有体现出供销社的行业特点，没有深入围绕供销社理念打造供销社文化，没有深入研究合作社的本质规定性与供销社文化的内在规律性。在合作社文化推广方面，一是缺乏对传统供销社文化的归纳和整理，特别是理论上的进一步提升，如对传统的供销社精神没有很好地提炼。二是未能结合社会主义市场经济体制的要求，以及供销社自身的发展变化，对供销社文化的内容进行及时创新。三是作为供销社文化建设主体的干部职工的素质不能适应时代发展的要求，文化建设方面的认识还有待进一步明确，文化的引导带动作用还需进一步发挥；同时供销社由于自身人员包袱重，经济效益差，对优秀人才缺乏吸引力，引进的人才很少，这种状况导致供销社人员对供销社文化的理解成了严重问题。四是从事供销社文化研究的队伍急剧萎缩。

三、加快全国供销合作社改革发展的对策建议

党的十八大以来，习近平总书记对做好供销合作社工作多次作出重要指示批示，特别是2020年供销合作社七代会前作出的重要指示，深刻阐述了事关供销合作事业长远发展的重大理论和实践问题，明确了供销合作社的性质定位，肯定了供销合作社的地位作用，指明了供销合作社的发展方向，提出了继续办好供销合作社的使命要求，为做好新时代供销合作社工作提供了根本遵循。供销社要紧紧围绕完善体制机制、优化职能以及发挥生产、供销、信用"三位一体"综合合作的重大牵引作用，持续深化综合改革，加快成为服务农民生产生活的综合平台，成为党和政府密切联系农民群众的桥梁纽带，更好为"三农"服务，为全面推进乡村振兴和加快农业农村现代化作出新贡献。

（一）探索多种形式的生产、供销、信用"三位一体"综合合作，持续深化综合改革

"三位一体"综合合作，是适应我国农村经济社会发展而探索形成的有效实践形式，是供销合作社持续深化改革的方向。实践证明，"三位一体"综合合作，有利于完善农村生产关系和农

业经营体制,有利于推动现代生产要素与传统农业对接,是推进中国特色农业现代化建设的重大探索。要鼓励各地因地制宜、大胆创新,积极探索"三位一体"综合合作的实现方式和有效路径,不断丰富创新"三位一体"综合合作实现途径,加快扩大"三位一体"综合合作覆盖面。积极拓展综合合作功能,密切与农民和各类新型农业经营主体的合作联合,提高综合服务效能。着力提升综合合作水平,形成以流通为主导、生产为基础、金融为支撑的综合协同服务新机制。一是依据中华全国供销合作总社、中央农办、中国人民银行、银保监会四部门联合出台的《关于开展生产、供销、信用"三位一体"综合合作试点的指导意见》,打造若干具有示范引领作用的"三位一体"试点单位,使试点地区农业生产组织化、规模化、集约化水平进一步提升,现代化农村流通网络进一步健全,农村信用体系进一步完善,初步构建起区域性生产、供销、信用"三位一体"综合合作服务平台,为推进乡村振兴和农业农村现代化作出积极贡献。一是选择若干个省(自治区、直辖市)作为省级试点单位开展试点。力争通过两年试点工作,在试点领域和区域实现率先突破,探索更加成熟完善的"三位一体"综合合作模式,形成一批可复制、易推广的先进经验和典型成果,完善相关政策规划、标准规范、体制机制,为全面推进"三位一体"综合合作开好局、探好路、打好样。同时要加强组织领导,及时研究解决改革中出现的新情况新问题,强化指导,完善政策,因地制宜推进"三位一体"综合合作。二是供销社基层组织是"三位一体"综合合作的组织基础,各基层社要将推进"三位一体"综合合作试点作为加快供销社发展的重大机遇,加快农业社会化服务体系建设,不断提升供销合作社在生产、流通、信用等环节的综合服务能力,助力乡村振兴,统筹整合生产、供销、信用服务资源,构建服务小农户和新型农业经营主体的覆盖全程、综合配套、便捷高效的农业社会化服务综合平台,更好地发挥服务"三农"作用。

(二)加快完善基层经营服务功能,打造乡镇为农服务综合体

要坚持大抓基层的鲜明导向,着力增强县级社综合实力,持续推进基层社提质扩面,完善基层经营服务功能,全面巩固为农服务前沿阵地。2021年,要把1000家基层社打造成为农服务综合体,成为承接乡镇区域服务中心建设的主体。一是着力加强县级社建设。提高县级社统筹服务能力,加快推进县基服务一体化。加强县级社对基层社资产的监督管理,提升统一运营的水平。推进县级社民主办社、开放办社。加强对县级社的指导和扶持,逐步消灭县级供销合作社建设"空白点"。二是全面提升基层社发展质量。分类改造薄弱基层社,每年按照基层社总量的一定比例改造提升薄弱社和相对薄弱社。逐步消除"三无"基层社,努力实现全国所有乡镇基层社全覆盖。强化基层社合作经济组织属性,切实做到农民出资、农民参与、农民受益。可以因地制宜地发展村供销合作社。继续做实供销合作社合作发展基金,统筹用于基层社建设和为农服务。三是做好做强领办的农民合作社,强化对农民合作社的指导、扶持和服务,培育一批管理民主、制度健全、与供销合作社联结紧密的农民合作社,引导农民合作社规范健康发展,充实农村综合服务社功能,引领推动农民合作社之间的联合与合作。联合村"两委"发展农村股份经济合作组织,培育壮大新型农村集体经济。推动基层社经营服务往村覆盖、往户延伸,打通乡村产业对接市场的通道。四是加强合作经济联合会和各类专业行业协会的创建,通过联合会和协会建设,吸收各类社会经济组织、个体私营生产经营者加入供销社。鼓励发展基础好、社会影响力强的行业协会承接政府委托服务,争取在制定产业政策、行业规划等方面发挥积极作用。五是加大扶持力度。总社要做大基层组织发展专项资金规模,省、市、县供销合作社都要逐步建立基层组织发展专项资金,完善扶持资金稳定增长机制,确保投入力度不断增强、总量持续增加。强化对资金使用的监管,确保合规使用、用出效益。完善面向基层

组织发展的业绩考核机制,加大考核权重,优化考核指标,切实树立起基层优先发展的鲜明导向。六是深入实施"农业社会化服务惠农工程",不断拓展、完善基层经营服务功能,健全专业化社会化服务体系。加快建设以县级社为主导、以基层社为依托的县域农业社会化服务网络。除了土地托管、配方施肥、统防统治、农机作业等农业社会化服务功能,还要拓展服务功能,着力做好农产品收储、烘干、加工、销售等"后半程"服务,形成具有鲜明特色和比较优势的服务新模式。运用物联网、互联网、大数据等技术,推行智慧农化服务,将现代生产要素导入供销合作社服务体系,提高为农服务科技含量。

(三)大力推进社有企业高质量发展,提升为农服务产业支撑能力

社有企业是供销合作社经济属性的重要体现,是为农服务体系的重要支撑。坚持市场化改革方向,持续推进社有企业深化改革、转型升级,加强社有资本整合重组和优化布局,提升为农服务产业支撑能力。供销合作社能否实现系统经济高质量发展,关键在社有企业,要对社有企业改革发展作出专门部署,集中全系统的力量和资源,做强做优做大社有企业。一是围绕供销合作社核心主业,强化高质量发展的工作导向,调整优化社有资本布局,分行业推进社有企业战略性重组和专业化整合,打造一批具有较强市场竞争力和行业影响力的骨干龙头企业。加快提高社有企业综合实力,培育壮大龙头企业,分行业推进社有企业战略性重组和专业化整合,培育一批示范带动作用强的行业龙头企业。加快实施"社有企业上市倍增计划",打造资本市场的供销合作社概念股。积极培育新增长点,主动对接区域发展战略,加大投资力度,发展互助合作保险,加强产业链上下游协同,持续增强产业支撑能力。创新发展联合合作,加快打造一批具有较强影响力的大棉商、大茶商、大粮商。推动形成大中小企业各有侧重、各层级供销合作社分工协调、各类经营主体利益共享的合作经营格局。总社"新网工程"专项资金继续加大对联合合作项目支持。二是推进联合合作。要用好"新网工程"专项资金这个重要抓手,在推进系统企业联合合作上有新的重大突破。要着力推进同一行业、不同层级社有企业的纵向整合,促进上下贯通、利益共享、共同发展。要发挥供销合作社品牌、信誉、资源、业务等协同效应,有效放大社有资本功能。对为农服务的骨干龙头企业,要全力支持、全程监控。要鼓励系统内龙头骨干企业打破层级界限,通过产权、项目、网络、品牌等途径,加强联合合作,建立新型企业联合体;鼓励系统龙头骨干企业与社会资本融合,积极与科技含量高、市场前景好的企业开展合作;鼓励社有企业与高等院校、科研院所开展产学研联合,组成战略联盟,实现优化发展。要加快系统信息化建设,推动全系统互联互通互融和数据资源共建共享。三是不断推进社有企业市场化改革。加快建立健全现代企业制度。进一步完善法人治理结构,规范董事会组成结构和议事规则,建立健全权责对等、运转协调、有效制衡的决策执行监督机制。不断优化社有企业总部机构设置,压缩管理层级,提高管理效率。对不同类型的社有企业实行差异化考核,加快建立有效管用的激励约束机制,激发企业内生动力和活力。要强化企业内部管理,完善"三重一大"、投资项目、财务资金、风险防控等管理制度和内控体系,强化制度执行刚性约束。扎实推进降杠杆、减负债,多措并举降本增效,提高资产质量,切实防范各类风险。要理顺联合社和社有企业关系,科学设置社有资产管理委员会工作职责、议事规则,建立社有资产管理委员会年度工作和重大事项向理事会报告制度,建立社有资产保值增值指标体系,完善对社有企业考核激励、监督问责等制度,加强风险防控。四是壮大县域社有企业综合实力,推进优势产业整合。加快组建县域供销集团或资产运营平台,在重要涉农领域,保持对社有企业的控制力和经营主导权,积极发展混合所有制经济,推动各层级社有企业相互参股和社有企业跨区

域横向合作;完善中国供销集团等社有龙头企业股权投资机制,对县域内发展前景好、产业关联度高、带动农民多、有利于推动乡村振兴的优质项目,给予优先安排和政策倾斜。

(四)创新人才发展体制机制,着力加强人才队伍建设

以创新人才发展体制机制为核心,构建科学规范、开放包容、运行高效的具有合作经济组织特色的干部人事制度,逐步打造高素质的合作社领军人才、企业经营管理人才、为农服务科技人才、社会工作人才和联合社机关干部人才队伍,为供销合作社改革发展提供有力的人才保障。一是充分挖掘现有干部人才资源潜力。供销合作社在长期服务"三农"工作中逐步形成了一支独具特色的干部人才队伍,是供销合作事业改革发展的重要依靠力量。要充分重视调动这支队伍的积极性,立足自身队伍素质的提升和潜力的挖掘,积极谋划,形成鼓励和支持人人都作贡献、人人都能成才,人尽其才、才尽其用的良好局面。二是加强基层人才队伍建设,充实优化基层人才队伍。创新基层用人机制和薪酬机制。实施"供销合作社教育培训工程",为供销合作社改革发展提供人才支撑。开展省、市、县三级联合社主任轮训。三是加强教育培训,提高广大供销系统干部职工和农民社员素质。深入实施人才兴社战略,加强机关干部、社有企业和高管人才队伍建设,强化教育培训,建设好教育培训基地,加大人才培训力度,开展多种形式的供销合作社干部职工、企业经营管理人才、农民专业合作社带头人和农村实用技能培训,实现培训工作常态化,着力培养一支出色的管理队伍。四是大力选拔和引进事业发展急需的高端人才。采取灵活多样的引进方式,通过招录、调任、专家及团队引进等方式着力引进一批事业发展亟须的企业管理、现代物流、电子商务、合作金融等方面的专业人才。对特殊人才,开辟专门渠道,通过设立人才发展基金或引才项目,实行特殊政策,实现精准引进。发挥行业协会联系市场和行业紧密的优势,加强与社会人才的合作力度。探索采取特聘专家、聘用兼职顾问、独立董事或开展项目合作等方式,加大柔性引进人才力度,实现人才"不求所有,但求所用"。充分利用国际合作社联盟的资源,鼓励支持各方面人才更广泛地参加国际交流。五是强化激励,探索建立科学的干部人才考核评价机制。注重发挥市场、专业组织、用人单位等多元评价主体作用,建立以岗位职责为基础,以品德、能力和业绩为导向的干部人才考评机制,充分发挥考核评价的"指挥棒"和"风向标"作用。强化激励,形成考核结果与薪酬待遇、培养使用挂钩的联动机制。在现有干部人事制度框架内,探索机关、企业、事业、主管社团业务有效对接融合、人才合理使用流动的机制。

(五)扎实推进农产品冷链物流和市场建设工程,提高流通网络现代化水平

发展农村现代流通是促进农业发展、农民增收的有效途径,是乡村振兴的重要内容。推进农业农村现代化和乡村振兴,供销合作社必须充分发挥流通主业优势,畅通农产品进城、工业品下乡双向通道,加快形成城乡网点广泛覆盖、线上线下融合发展的流通新格局。而发展冷链物流,加强农产品市场建设,是建设现代流通体系、畅通国民经济循环、推动经济高质量发展的内在要求。党中央、国务院高度重视发展冷链物流建设工作,把它作为重要补短板工程进行部署推进。全系统必须紧紧抓住政策支持带来的机遇,攻坚克难,大力提升农产品冷链物流和市场体系的规模化、集约化、现代化水平,努力开创冷链物流和农产品市场建设工作新局面。一是健全农产品现代流通体系,要统筹谋划,突出重点,加强流通网络顶层设计和整体规划,优化农产品市场的网络布局,扎实推进"供销合作社农产品冷链物流和市场建设工程"。加快冷链物流基础设施建设,培育一批骨干冷链物流企业,建设产地预冷、仓储保鲜、冷藏运输等设施,建设一批冷链物流中心和示范基地。二是健全农产品滞销信息快速响应机制,探索建立滞销

农产品集中采购仓储、网点错峰销售机制。创新流通方式，顺应流通变革新趋势和大众消费新变化，大力发展中央厨房、直采直供、农产品电商等流通新业态新模式，推进供销合作社流通网络数字化、现代化转型，加快打造"数字供销"。三是在全力打通为农服务"最后一公里"方面，加快改造升级基层社的传统经营网络。针对经营服务设施陈旧、服务手段落后、服务水平不高等问题，基层社积极引进电子商务新兴业态，对原有经营服务设施进行改造升级，打通农村与城市的物流和信息通道，通过电子商务实现"消费品下乡"和"农产品进城"，有效解决农民"买难"和"卖难"问题，加快建成覆盖主要乡村的县乡村三级电子商务经营服务网络。四是借力电子商务，拓展为农业社会化服务功能。基层社在发展电子商务之初，明确"经营+服务"的思路，电子商务不仅能让农民买到商品，还能为农民提供以下特色服务：网上代售服务。农民生产的农产品、土特产、手工艺品等，供销社通过信息采集汇总，统一贴牌包装，再通过电子商务平台销售出去。除在自有电子商务平台销售外，还与"供销e家"、淘宝、京东等平台对接，将地方特色农产品销往全省、全国。突出科技助农，在搭建的县级电子商务平台上，普遍设置惠农政策、土地托管、测土配方、施肥用药、病虫害防治、科技信息查询等服务内容，农民通过供销社电子商务平台，即可获得与农业生产相关的服务和信息。五是继续发挥"扶贫832"平台作用，缓解农产品滞销。"扶贫832"平台由全国供销合作总社与财政部、国务院扶贫办共同建立，自上线运行以来，已实现832个国家级贫困县全覆盖，注册采购预算单位近40万家，上线农产品超过6.8万个，交易额突破31亿元。接下来，继续做好"扶贫832"平台的宣传和推广工作，开展入驻平台相关培训，组织引导更多的优秀供应商入驻，在供给、需求、平台三方发力，消除瓶颈制约，建立稳定销售机制，拓展产业服务功能，巩固提升脱贫成果助力乡村振兴。

（六）加强理论研究，培育中国特色供销社合作社文化体系

我国进入新发展阶段，供销合作社要实现新跨越必须坚持正确方向，必须彰显政治优势，必须明确历史使命，必须勇担职责任务，必须加强自身建设，努力走出一条中国特色供销合作社发展之路。不断加强合作经济理论研究，培育弘扬独具特色、内涵丰富的中国特色合作社文化精神，是推动供销合作事业持续发展的不竭动力。一是加强合作经济理论研究，为持续深化供销改革提供理论支持。对于合作社的本质规定性、如何发展合作社等合作经济基本理论问题展开深入系统的研究，深化供销社综合改革也必须对供销社的合作经济属性、现代流通职能、组织化特征等予以客观的再认识，从而为我国合作社实践提供理论基础与支持。二是各级供销合作社应结合自身的发展特点，将新的时代背景融入供销合作社文化的建设中，弘扬"为农、务农、姓农"的新时期供销合作社核心价值理念，更好地把握供销合作社文化发展规律，充分发挥文化优势，掌握竞争中的主动权，从而提升供销合作社文化的生命力、凝聚力、创造力，为供销合作事业的振兴发展提供助力。三是加大宣传工作力度，进一步提升供销合作社影响力。不断优化合作社的发展环境，广泛宣传供销合作社为农服务和改革发展的新作用、新成就，大力弘扬供销合作社精神。积极开展供销合作系统法制建设和文明行业创建活动，继续加大供销合作社标识推广力度，树立供销社的良好社会形象。四是加强国际合作交流，学习借鉴一切有利于加强供销合作社文化建设的有益经验，丰富供销合作社文化的内容，提升供销合作社的国际竞争力与文化影响力。深化与"一带一路"国家合作社务实合作，积极支持和参与推动国际合作社联盟工作。大力支持社团发展，进一步发挥社团在服务宏观调控、助力产业发展、巩固脱贫成果等方面的积极作用。深化科研院所改革，加强规范管理，提高科研成果质量，增强为农服务的科技支撑。加强宣传工作，构建大宣传格局，营造供销合作事业发展的良好舆论环境。

参考文献

[1] 中华供销合作网, http://www.chinacoop.gov.cn/.
[2] 中华合作时报, http://www.zh-hz.com/.
[3] 邵峰.浙江省开展"三位一体"改革的实践探索[J].中国合作经济,2021,Z1:10-13.
[4] 中国社会科学院农村发展研究所课题组,张晓山."三位一体"综合合作的"龙岩模式"探索[J].中国合作经济,2021,Z1:22-24.

第三部分　中国农村信用社发展研究报告

2011年,中国银行业监督管理委员会(以下简称争监会)明确农信社放弃合作制,走上完全商业化的改革道路。2014年,银监会发布《关于鼓励和引导民间资本参与农村信用社产权改革工作的通知》,引导民间资本对农村信用社实施并购重组。在这些政策推动下,各地通过股份制将农信社改制为农商行。目前,北京、天津、上海、重庆、安徽、湖北、江苏、山东、江西和湖南10省(直辖市)已完成农村信用社改制工作,其他省份正加快推进,农信社进入由农商行主导的新阶段。截至2021年6月30日,全国共有省级农信联社25家,农村商业银行1569家,农村信用社584家,农村合作银行26家[①]。原农村信用合作社改制的法人机构合计达2179家,占银行业金融机构总量4608家的47.29%,其在服务"三农"、实现农村共同富裕、乡村振兴、脱贫攻坚、普惠金融、区域协调发展等重大战略的实施中发挥重要作用。

省联社改革悬而未决。2012年7月,银监会出台了《关于规范农村信用社省(自治区)联合社法人治理的指导意见》,提出将省联社职能定为"对社员行的服务、指导、协调和行业管理",改革焦点是如何实现"淡出行政管理职能,强化服务职能"及健全法人治理结构。2021年7月27日,中国银行保险监督管理委员会召开全系统2021年年中工作座谈会指出,要坚定不移推动金融供给侧结构性改革,围绕建立现代企业制度,"一省一策"探索农信社改革模式,提高省级管理机构的履职能力和水平。当前省联社改革仍在进行当中,除了宁夏、陕西以及直辖市外,其他地区改革方案仍在探索中。

一、农村信用社改革取得的成就

2003年启动改革,至今已经走过近20年历程,改革目标是否实现?取得了哪些阶段性成果?还存在哪些问题?依据改革目标,本文借鉴了Yaron提出的农村金融机构评估指标,设计了农村信用社改革业绩评价体系(如表1所示):一是农民收入是否增加,通过农信社农户贷款与农民人均纯收入之间的关系来判定农信社在推动地方经济发展中的作用;二是金融服务覆盖面是否扩大,通过农信社存贷款余额和年增长率、存贷比、农户(业)贷款总额及比重、农信社法人机构数量和从业人员数量等指标来判断;三是农信社是否可持续发展,通过不良贷款率、资本充足率、盈利能力、总资产、总负债和所有者权益等来判断。

---

① 中国银行保险监督管理委员会.银行业金融机构法人名单(截至2021年6月30日).http://www.cbirc.gov.cn/cn/view/pages/govermentDetail.html?docId=1002746&itemId=863&generaltype=1.

表 3-1　农村信用合作社改革业绩评价体系

	农民收入增长指标	农户(业)贷款
		农民人均纯收入
农信社改革绩效评价体系	金融服务覆盖面指标	农信社存贷款余额和年增长率
		农户(业)贷款总额及比重
		农信社法人机构数量
		从业人员数量
	农信社可持续发展指标	不良贷款率
		资本充足率
		总资产及其增长率
		盈利水平

(一)农信社增加农民收入指标

Mckinnon(1973)[①]和 Shaw(1973)[②]的研究表明:适当的金融改革能有效地促进经济的增长和发展,使金融深化与经济发展形成良性循环。我国农信社改革是否促进了地方经济发展的问题,可通过农信社农户贷款额与农民人均纯收入之间的因果关系来分析判定,农民纯收入的增加可反映我国农信社改革的经济效应。在此选取 1978—2018 年间农信社对农户(业)贷款额[③]和农民年纯收入水平两个指标,分析它们之间是否具有因果关系。

从图 3-1 直观地来看,发现农民年均纯收入(NS)和农信社的年农业贷款余额(ND)数据序列在 2014 年之前具有大致相同的趋势和变化规律,都是逐年递增的,说明二者之间可能存在协整关系。2014 年后很多农信社改制为农商行,农信社从数量到规模大幅减少,所以其农业贷款额也开始大幅下降。为了深入挖掘农信社的贷款是不是农民纯收入增加的原因,本书进行如下计量分析。

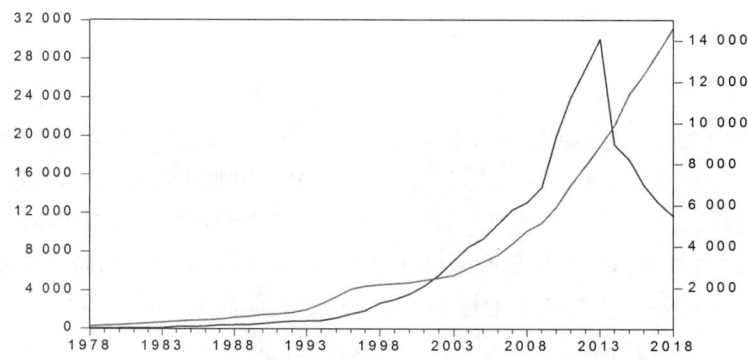

图 3-1　1978—2018 年农民年均纯收入和农信社农户(业)贷款余额(单位:元)

数据来源:银监会,国家统计局。

---

① Mckinnon,R.I. Money and Capital in Economic Development. Brookings Institution Press,1973.

② Shaw,E.S. Financial Deepening in Economic Development. Oxford University Press,1973.

③ 据银监会的统计,1993 年以前为"农户贷款",之后为"农业贷款",农业贷款包括农户贷款、农业经济组织贷款、农户小额信用贷款、农户联保贷款。一般农户贷款是农业贷款数量的主要部分。

我们建立了关于信用社的农户(业)贷款余额和农民平均纯收入之间的误差修正模型,选取了1978年至2018年40年的农民年均纯收入水平(NS)为被解释变量,农信社农户(业)贷款余额(ND)为解释变量,采用E-G两步法建立误差修正模型。结果表明两个时间序列数据不存在协整关系,因此重新选取数据时段,以1978年至2013年数据为样本,建立误差修正模型,步骤如下。

第一步:时间序列的平稳性检验(ADF检验)

为了确定NS和ND序列的非平稳性,通过观察其相关分析图发现,农民年均纯收入(NS)序列和农信社农户(业)贷款余额(ND)序列的自相关系数均出现随着滞后期K的增加而下降,但是二者第1~6期都没有落入置信区间,说明二者均为非平稳序列。NS和ND序列经过二次差分后变得平稳和近似平稳,但都存在多期自相关系数显著不为零的情况,反映出可能存在高阶序列相关性。

接下来用更加准确的单位根检验方法,即ADF检验,对农民年均纯收入(NS)和农信社农户(业)贷款额(ND)序列的平稳性进行检验。二者的原序列、一次差分序列、二次差分序列的单位根检验ADF值汇总如表3-2所示。

表3-2 农民年均纯收入和农信社农户(业)贷款的ADF平稳性检验

置信区间	农户(业)贷款余额ADF值			农民年均纯收入ADF值		
	水平变量	一阶差分	二阶差分	水平变量	一阶差分	二阶差分
	5.030976	-1.421306	-6.989043	2.497571	0.148850	-5.376642
1%	-3.632900	-3.646342	-3.653730	-3.639407	-3.639407	-3.653730
5%	-2.948404	-2.954021	-2.957110	-2.951125	-2.951125	-2.957110
10%	-2.612874	-2.615817	-2.617434	-2.614300	-2.614300	-2.617434

从表3-3数据可以看出,农民年均纯收入时间序列在其水平变量和一阶差分变量上都是不平稳的,在二阶差分的情况下,ADF值为-5.376642,在1%的置信水平下小于-3.653730,可知其二阶差分序列为平稳时间序列,因此农民年均纯收入时间序列为二阶单整序列,即NS~I(2);农户(业)贷款额时间序列的水平变量和一阶差分变量也是不平稳的,在二阶差分的情况下,ADF值为-6.989043,小于1%置信水平下的临界值-3.653730,可知其二阶差分序列为平稳时间序列,因此农户(业)贷款时间序列也是二阶单整序列,即ND~I(2)。因为农民年均纯收入和农信社农户(业)贷款额两个时间序列具有相同阶数的平稳性,满足了构建误差修正模型的第一个基本条件。

第二步:建立关于二者的协整方程模型(长期关系检验)

以农民年均纯收入(NS)为因变量,农信社农户(业)贷款额(ND)为自变量,用OLS估计。估计方程如下:

$$NS = 712.8 + 0.26ND \quad\quad\quad (1)$$
$$t = (6.441880)(24.52868)$$
$$R^2 = 0.946512 \quad F = 601.6561$$

从t、F和R^2统计量来看,方程的拟合度较好。

第三步:检验由协整方程所生成的残差序列是否平稳

如果残差序列平稳,表明二者具有长期均衡的关系,否则,二者不存在长期均衡关系。

用前面类似的方法对残差序列进行 ADF 检验(由于残差的均值为 0,故检验时选择既无趋势项又无漂移项),其 ADF 值为－1.902759,1％、5％、10％的置信水平下临界值分别为－2.632688、－1.950687、－1.611059。由此可见,残差序列的 ADF 值比 5％显著性水平的临界值大,比 10％的置信水平临界值小,因此在 10％显著性水平下拒绝原假设,说明残差序列 u 不存在单位根,是平稳的序列,即 u～I(0);序列 u 为 0 阶单整序列。残差序列的平稳性表明了农户(业)贷款和农民年均纯收入之间存在协整关系,有着长期稳定均衡的关系,方程(1)即协整方程,从经济学含义上讲,可以认为信用社的农户(业)贷款促进了农民收入的增加。

第四步:建立二者的误差修正模型(短期关系)

以农民年均纯收入的一阶差分序列为因变量,以农户(业)贷款的一阶差分和残差序列(用 c 表示)为自变量,用 OLS 估计。估计方程如下:

$$\Delta NS = 136.52 + 0.13\Delta ND - 0.19c$$
$$t = 2.86 \quad -1.22 \quad 4.5$$
$$R^2 = 0.39$$

从上式来看,模型的拟合优度一般。考虑到贷款增量对农户收入影响的跨期效应,故加入农户(业)贷款一阶差分(贷款增量)的滞后一期作为因变量,再次进行估计。估计得方程如下:

$$\Delta NS = 109.96 + 0.1\Delta ND + 0.07\Delta ND(-1) - 0.05c$$
$$t = 2.29 \quad 3.42 \quad 2.28 \quad -0.7$$
$$R^2 = 0.48$$

从上式来看,加入贷款增量的滞后一期作为因变量后,模型拟合系数得到了提高,拟合优度良好。贷款增量滞后一期的系数要小于贷款增量的系数,表明当期的贷款增量对于当期农民收入的增加发挥了主要作用,投入产出效果明显,这符合一般的经济现象。

综上分析,可得基本判断:2014 年之前,我国农信社在增加农民收入方面起到了积极作用;2014 年之后,由于达到转制条件的农信社都转变为农商行,所以农信社在法人数量、资产规模等方面大幅降低,导致其农业贷款额度也大幅降低,在增加农民收入方面贡献不显著。

(二)农信社发展的金融覆盖面指标

覆盖面是衡量农村信用社在多大程度上满足目标客户的要求,这里的目标客户可以认为是具有贷款意愿和还款能力并且能为机构带来经济利益的农户或农民。覆盖面指标可以用市场广度和市场深度来衡量。市场广度衡量农村金融机构的产品是否丰富、服务是否多样化;市场深度衡量农村金融机构是否触及不同层次、不同类型的客户。具有较高的市场广度和市场深度的农村金融机构一般会具有较好的业绩。它是一个混合指标,主要由以下三个指标构成:存贷款余额和年增长率、农业贷款余额及其比重、法人数量和从业人员数量等。

1.农信社存贷款余额和年增长率

1996 年农村信用合作社与中国农业银行脱钩,受人民银行代管,并开始按合作性原则运作。1997 年以来农村信用合作社的各项存款、各项贷款均大幅上涨,存贷款余额亦呈明显的上升态势(见图 3-2 的柱状线)。存贷款余额从 1997 年的 1 万亿元、0.7 万亿元分别增加到 2015 年的 6.8 万亿元和 4.3 万亿元峰值,2018 年降到 4.6 万亿元和 3 万亿元。说明在 2015 年前,农信社的存贷款余额呈现出明显的增长趋势,信贷供给增长空间增加,供给能力越来越强。2016 年存贷款额开始下降。农信社的存贷款余额年增长率呈现出一定的波动情形,最高增长率曾达到20%多,近几年明显下降,如图3-2所示,与2003年以来农信社多转变为农商行的趋势完全一致,是本轮改革"去合作化"、向"商业化"转型的一种反映。

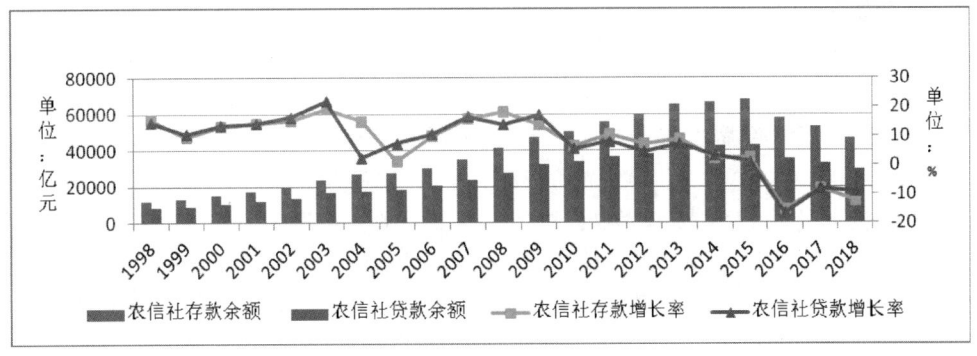

图3-2　1997—2018年农村信用社存贷款余额和年增长率
数据来源:中国金融年鉴1998—2019,中国银行保险监督管理委员会。

2.农信社农业贷款余额及其比重

我国农信社的贷款主要包括农业(含农户)贷款、乡镇企业贷款和集体农业贷款。和集体农业或乡镇企业的贷款相比,农业贷款对农民收入的增加具有更加直接的意义,而且也是信用社应该为其社员提供服务的应有之意,而集体农业或乡镇企业的贷款只能间接地促进农民收入的增加。2003年农信社改革以来,我国农村信用社涉农信贷供给总体增加,贷款结构向微观农户层面倾斜,农信社发放的农业贷款占农信社总贷款的比重逐步上升,2006年达到最大值52.48%,之后农业贷款占农信社总贷款的比值逐渐下降,2018年年底,农信社农业贷款约8029亿元,占农信社总贷款的比值为26.81%。如图3-3所示。农业贷款比重的下降,反映了农信社确立商业化转型目标后,其贷款投向有偏离农业的倾向,说明其支农意愿降低。

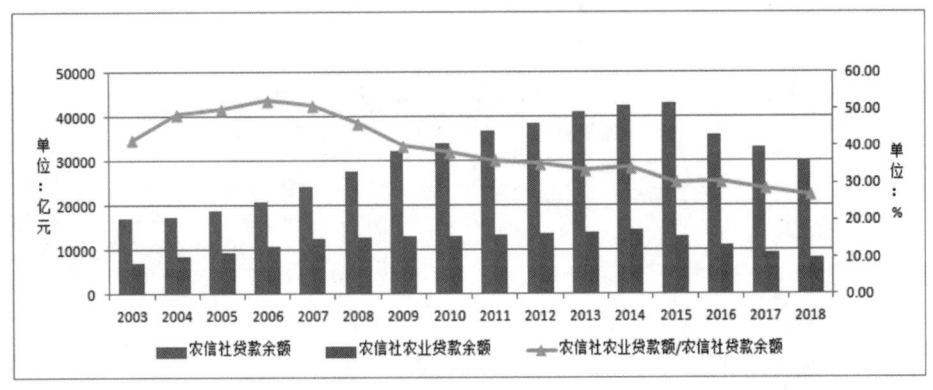

图3-3　2004—2018年中国农村信用社农业贷款余额及其比重
数据来源:银监会,中国金融年鉴2005—2019。

3.农信社法人数量和从业人员数量

农村信用社自2003年以明晰产权关系、完善法人治理结构为目标进行改革以来,产权制度和法人治理架构初步建立,商业化转型初步形成。截至 2019 年年末,全国共有原农村信用合作社改制后的法人机构 2228 家。其中,农村商业银行 1478 家,农村合作银行 28 家,以县(市)为单位的统一法人信用社 722 家。部分农村信用社按照现代金融企业制度的要求,逐步完善"三会"议事规则,初步形成了决策、执行、监督相互制衡的法人治理体系。

从机构法人数量看,农村信用社法人机构数量从改革初 2004 年的 32869 家,下降到了 2019 年年底的 722 家,降幅达到 97.8%。如图 3-4 所示。同期,农村商业银行法人机构数量从 2004 年的 7 家,增加到了 2019 年年底的 1478 家,增长幅度超过 210 倍。2004 年年末农村合作银行法人机构数量是 12 家,2019 年年底为 28 家。如图 3-5 所示。总体上看,我国的农信社和农村合作银行法人机构总数呈下降趋势,农村商业银行法人机构数量剧增,说明经过十几年的改革、清理、整顿、关闭、合并了不少农信社和农合行,使其法人机构总数大幅下降,也说明农信社系统在产权制度和组织形式上"去合作化"、向"商业化"转型趋势已经形成。

从从业人员数量变化看,农村信用社从业人员数量从 2004 年的 65.12 万人,下降到了 2018 年年末的 21.04 万人,减少了 44.08 万人,降幅达到 67.7%。如图 3-6 所示。截至 2018 年年末,农商行(64.55 万人)与农合行(0.94 万人)从业人员数量均有大幅增减。自 2009 年起,农商行从业人员数量超过了农村合作银行,并继续保持快速增长趋势,农合行人数逐渐减少,这与二者机构法人数量变化趋势相一致。出现上述趋势的主要原因在于农信社、农合行加快推进股权改造和经营机制转换,符合农村商业银行准入条件的机构改制为农村商业银行。

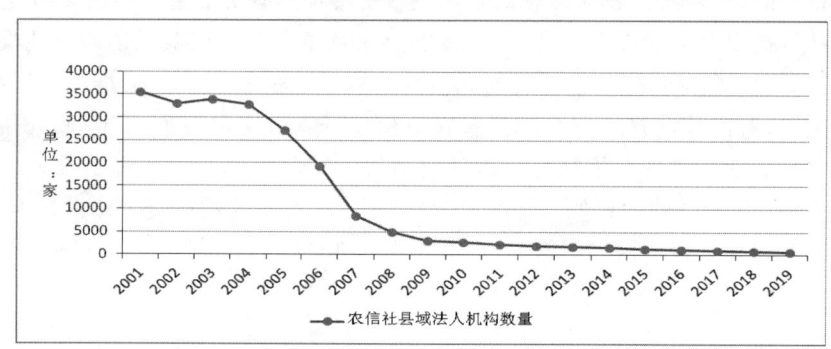

图 3-4　2004—2019 年农村信用社县域法人机构数量变化

数据来源:中国人民银行货币政策司,中国金融年鉴,银监会年报。

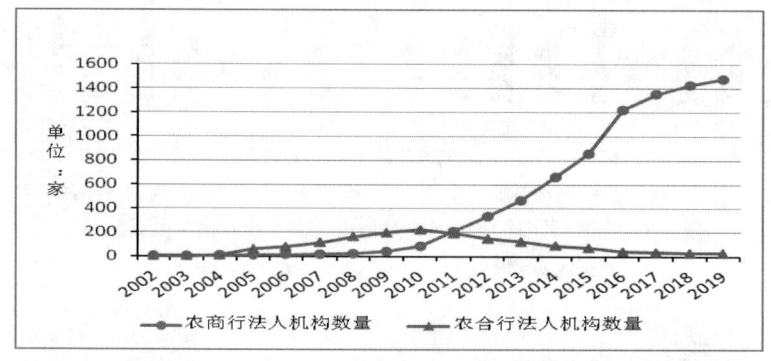

图 3-5　2002—2019 年农村合作银行和农村商业银行法人机构数量变化

数据来源:中国人民银行货币政策司,中国金融年鉴,银监会年报。

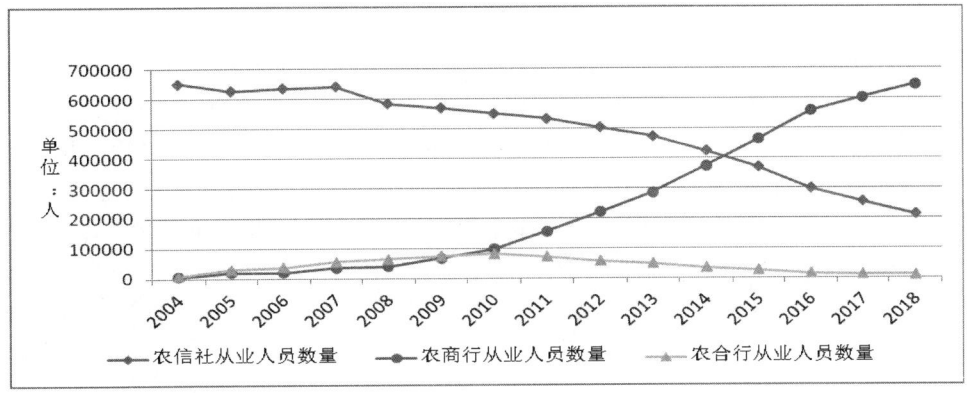

图 3-6　2004—2018 年农村合作金融机构从业人员数量变化

数据来源：银监会年报、中国金融年鉴、中国人民银行货币政策司。

(三)农信社可持续发展指标

农村信用社可持续发展能力指的是一种无须任何外部补贴或扶持的独立自主的发展能力。评价农信社的可持续发展能力，可选取以下指标：农信社的不良贷款率、资本充足率、总资产、盈利水平等，这些指标也是衡量农信社能否转制为农商行的必备条件。

1.农信社的不良贷款率

2003 年我国农村信用社改革之前，不良贷款率很高，2002 年，其不良贷款率高达 36.9%。经过新一轮的农信社改革，其不良贷款率迅速下降。到 2017 年年末，农信社的不良贷款率为 4.2%，较改革初降幅达到 32.7 个百分点。如图 3-7 所示。农信社不良贷款率的下降表明了我国农信社的经营管理水平逐步提高，可持续发展能力进一步增强，资金实力显著增强，支农服务能力明显提高。但与同期农商行和整个商业银行不良贷款率相比，农信社不良贷款率依然偏高，说明农信社经验管理能力还有一定的提高空间。

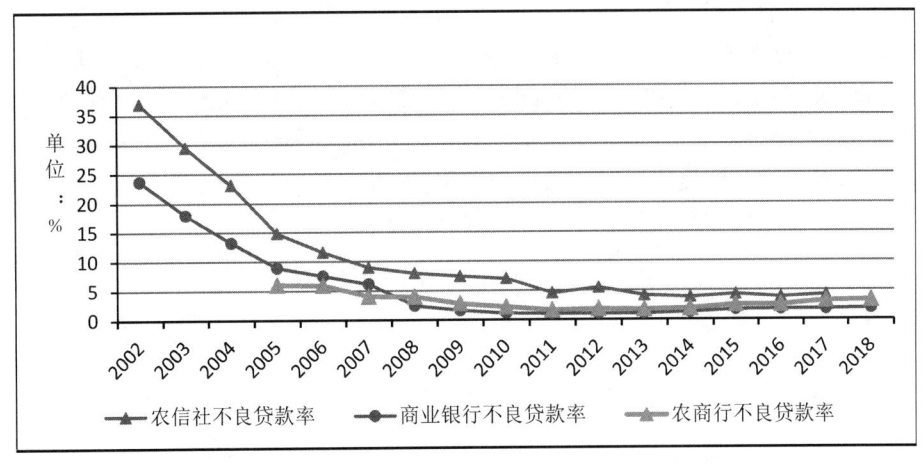

图 3-7　2002—2018 年农信社、农商行和商业银行不良贷款率

数据来源：银监会、2002—2018 年各年第四季度中国货币政策执行报告。

2.农信社资本充足率

资本充足率是保证银行等金融机构正常运营和发展所必需的资本比率,是衡量一个金融企业资本实力的综合指标,也是衡量该金融机构的风险抵御能力及实行风险管理的核心所在。2003年改革以前,农信社的资本充足率连续多年为负值;2003年农信社改革以来,其资本充足率逐步由负值转变为正值,较改革前大有提升。如图3-8所示。较高的资本充足率一方面反映了农信社管理体制的改善,管理能力的提高,资金使用效率显著提升,可持续发展能力增强,另一方面也反映了农信社的经营稳健的程度逐步提高,对存款人和债权人的资产保障能力增强。但是,与商业银行资本充足率相比,农信社的资本充足率较低,说明其经营的稳健程度低于商业银行。

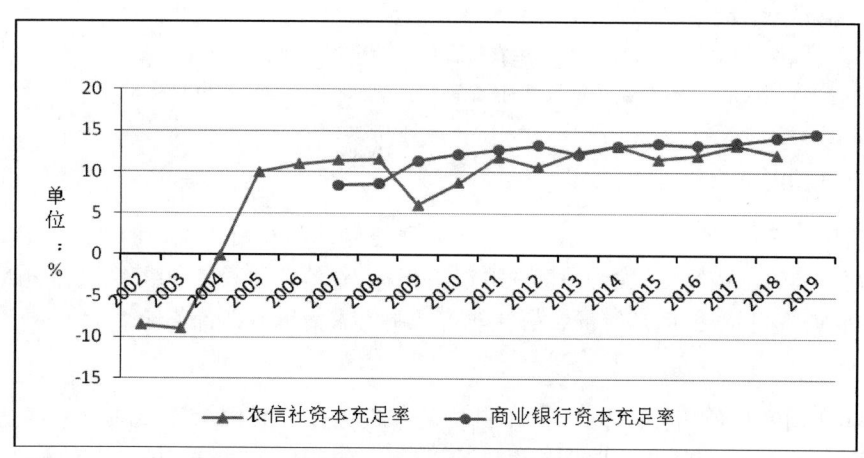

图3-8 2002—2019年农信社、商业银行资本充足率

数据来源:中国金融年鉴,银监会。

3.总资产及其增长率

自2003年新一轮农村信用社改革以来,农信社总资产规模在改革之初呈现逐步增长态势,但近两年来,随着改制为农商行的农信社越来越多,未改制的农信社,其总资产规模出现逐步下降趋势,增长率从2015年以来出现了负增长。截至2018年年底,农信社资产总额6.5万亿元,比年初减少0.89万亿元,总资产增长率为−12.1%。农合行总资产增长率从2011年以来即为负增长,且负增长程度愈益加剧;2014年起,农商行的总资产赶超农信社,并以30%多的增长速度增长,最近两年增速明显下降。如图3-9所示。

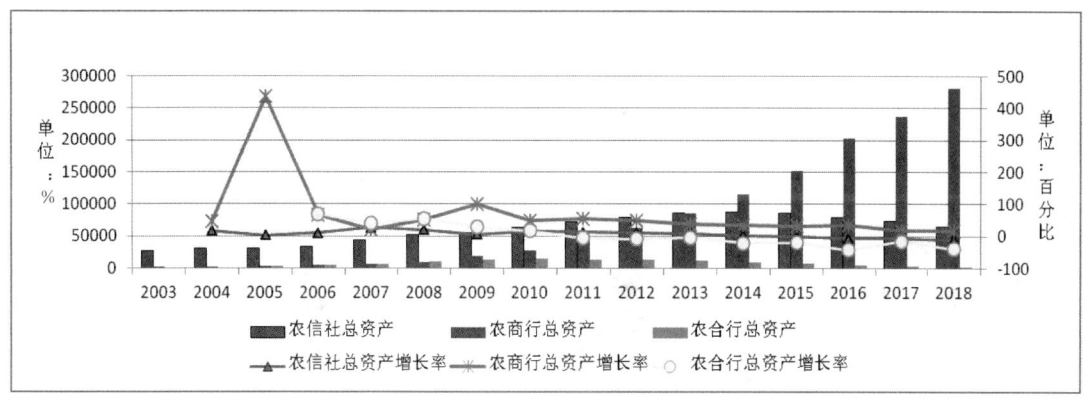

图 3-9 2003—2018 年农村合作金融机构总资产规模及其变化
数据来源：中国银监会

从总资产规模看，截至 2018 年年底，农村信用社、农村商业银行、农村合作银行，各自占三者资产总和的份额分别为 80.79%、18.58% 和 0.63%。如图 3-10 所示。三类金融机构中，总资产规模占比最大且同比增长最快的是农村商业银行，主要原因是部分农村信用社与农村合作银行改制为农村商业银行，且改制后，农村商业银行焕发出了旺盛的生命力，是三类改制后金融机构中唯一一类在总资产规模上保持高速增长的机构。

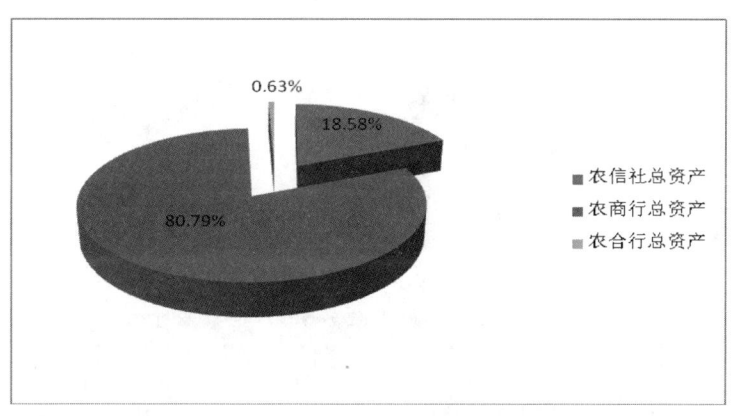

图 3-10 2018 年农信社、农商行、农合行总资产比例
数据来源：银监会。

4.盈利水平

2003 年改革以来，按照建立现代农村金融制度的要求，坚持服务"三农"的市场定位，不断推进涉农金融机构改革和创新。原农村信用合作社改制后的三类金融机构，总体来看资产质量明显改善，盈利能力显著增强。继续发挥着金融支持"三农"的主力军作用，盈利水平逐年上升，可持续发展能力稳步提高。

2007 年以来，原农村信用合作社改制后的三类金融机构税后利润稳步增长，但资本资产盈利能力有所下降。截至 2018 年年末，三类金融机构共实现税后利润 2278 亿元；资产利润率和资本利润率保持正增长。农商行资本利润率10.59%,同比下降0.44%;资产利润率0.84%,同比下降0.06%。农合行资本利润率5.97%,同比下降2.38%;资产利润率0.48%,同比下降0.19%。农信社资产利润率0.61%,同比下降0.06%。资本利润率10.17%,同比下降0.96%。如图3-11、图3-12所示。

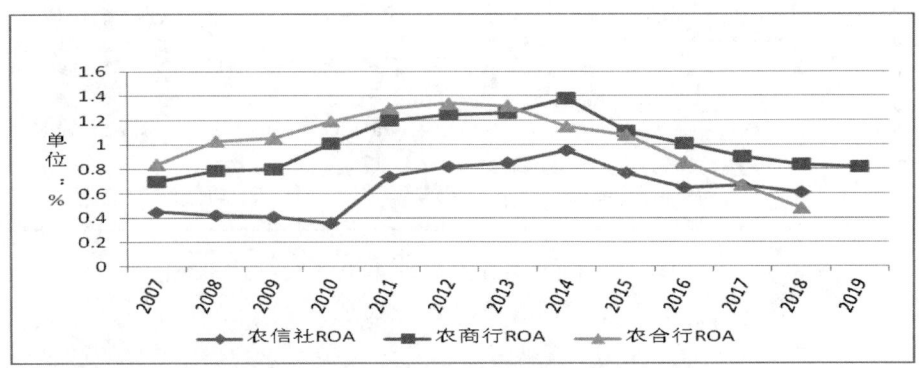

注：资产利润率(ROA)是指金融机构在一个会计年度内获得的税后利润与总资产平均余额的比率,本报告采用净利润与总资产平均余额的比率计算。

图3-11 2007—2019年农信社、农商行、农合行资产利润率

数据来源：银监会。

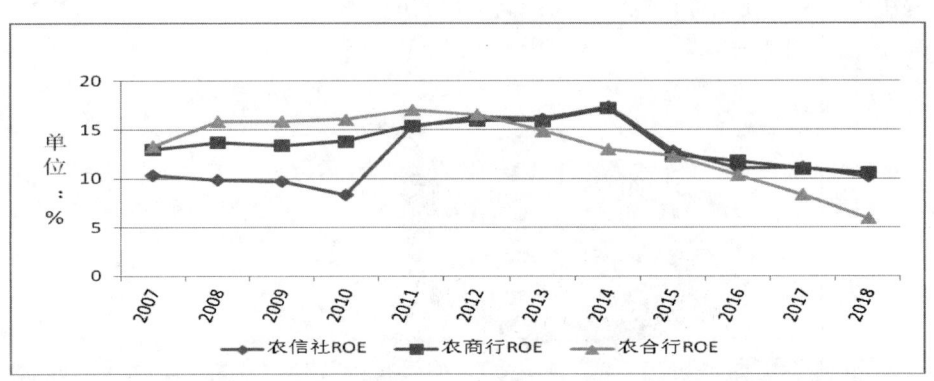

注：资本利润率(ROE)是指金融机构在一个会计年度内获得的税后利润与资本平均余额的比率,本报告采用净利润与所有者权益平均余额的比率计算。

图3-12 2007—2018年农信社、农商行、农合行资本利润率

数据来源：银监会。

综上分析,农信社经过新一轮改革后,在增加农民收入上,我们通过"ECM"模型实证结果表明：2014年前农信社改革增加了农民收入,改革经济效应显著;2014年后,由于农信社大量改制为农商行,农信社资产规模和农业贷款发放量急剧缩减,使其为农民增收的经济效应不显著。从金融覆盖面指标看,改革后的农村信用合作社存贷款余额明显上升,信贷供给能力越来越强,但近几年下降明显;2003—2014年间,涉农信贷供给总体增加,反映了农信社支农力度强大,依然发挥支农主力军作用,2015年至今,涉农贷款逐年下降;县(市)法人机构、从业人员等指标均呈现大幅下降趋势,同期的农村商业银行相应指标数量剧增,说明农信社系统在产权制度和组织形式上"去合作化"、向"商业化"转型趋势已经形成。从可持续发展指标看,农信社

不良贷款率持续下降,资本充足率提高,经营管理水平逐步提高,可持续发展能力增强;总资产、税后利润和资产、资本利润率都呈现先升后降态势,且盈利能力一直低于银行业金融机构平均水平,说明农信社虽然在改革后经营管理能力有所提升,但是还存在改善和上升空间。

案例分析:从网格化"扎根"到平台化"上云"

——安徽农信引领安徽农商行的"数字化"转型之道

技术的飞速发展深刻改变了人们的生活习惯,一场疫情改变了全球经济形势,也使银行服务形态产生了巨大变革。如何打好数字化转型攻坚战,已成为各家商业银行共同面对的重要课题。

作为83家农村商业银行的引领者,安徽省农村信用社联合社聚焦数字经济时代下中小银行面临的挑战和机遇,以及疫情给银行带来的改变,紧抓数字化变革主线,加速金融与科技的深度融合,以开放的姿态"跨界"合作,广开渠道挖掘技术人才,进行全面的数字化转型。

一、数字化转型是安徽农信发展的必由之路

党的十八大以来,中国进入经济发展的"新常态"。新常态之下,受经济放缓、金融脱媒、利率市场化等多重因素的冲击,商业银行面临着负债成本上升、经营包袱加重、经营绩效降低、不良资产反弹等问题和挑战,业务增速显著下降,盈利增长开始放缓,尤其是各银行纷纷开始布局和抢占农村金融市场,农商银行(农信社)网点多、分布广、地缘关系密切的优势在逐步削弱,市场竞争压力明显加大,这是外部环境给安徽农商银行带来的挑战。

随着数字技术的不断演进,大型商业银行数字化转型也逐渐走向深入。而农商银行系统长期深耕于本地金融,受限于当地区县经济发展、服务对象的数字化、智能化设备普及程度等,开放程度和数据规模远不及国有大型与全国性股份制银行,这是内部环境给农商银行带来的挑战。

正是这些挑战,让农商行更坚定了数字化转型的决心。农商行坚持服务"三农"、服务社区、服务县域、服务中小的宗旨,充分发挥农商行线下人缘地缘优势,坚持线上线下融合发展,开启数字化战略转型。

二、安徽农信数字化转型措施

一是搭建了平台,夯实了数字化转型基础。2018年上线了大数据平台,在充分挖掘内部金融数据的基础上,通过引入外部数据进一步丰富数据维度和覆盖面,为数据采集、数据加工、数据服务奠定了平台基础。同时还大力推进大数据在产品设计、精准营销、风险防控及农商银行的个性化需求等方面的创新应用,为数字化转型奠定了良好的基础。

二是完善了机制,强化了数字化转型保障。全面的数字化转型,不只是新金融科技在金融业务上的应用,更重要的还是体制和机制的变革。近年来,各大银行开始探索成立金融科技公司,安徽省联社受牌照、机制、体制等因素制约,难以在市场化、公司化等方面取得突破,但在组织、人才等方面倾注了大量心血,为数字化转型提供了强大保障。具体包括以下两个方面。

1.构建与数字化业务相匹配的数字化组织和管理方式

为了进一步顺应当前数字化发展趋势,安徽农信把金融科技发展和数字化转型放到更加重要的位置,在理事会下设金融科技委员会,负责全系统金融科技发展方向和重点规划,统筹

前沿金融科技的研究,协调推进重大金融科技项目和工作的落地。同时加快推动部门架构优化步伐,目前电子银行业务已实现了从单纯的渠道到平台、到生态的转变,服务内容从结算类向生活类、数字类、资产类等方面渗透。

组织架构应该适应未来发展的需要,而不是按部就班,一成不变的。这对敏捷化组织提出了最基本的要求:实现经营降本增效,对新兴业务快速反应。因此,在组织架构调整上,明确了部门职责边界,承担和负责个人、社区及小微的"创新引领、数字驱动、运维服务、业务推动"等职责;下一步将逐步探索按照大部门、事业部制、公司化的改革方向,把电子银行部建立成一个架构清晰、协调有力、运转高效的部门机构。

2.组建金融科技人才队伍

金融科技的发展,离不开科技人才的支撑。随着近几年大数据、人工智能等技术的发展,BATJ等公司依托科技优势,开始参与传统上属于银行的金融业务,开展了一系列借贷、理财、支付、保险、众筹、征信等传统业务。金融科技倒逼传统金融机构改革,特别是对区域性中小银行来说,金融科技能否持续良好发展,关键在于建立一支高素质的科技金融人才队伍。

在当前金融科技快速发展形势下,金融科技从业人员需要有多向思维的综合能力,需要用跨界的眼光、跨界的思维和跨界的方法。特别是当前金融科技产品创新层出不穷、技术创新日新月异,这要求银行改变传统的人才培养思维,那就必须在"造血、输血、活血"方面下功夫,锻炼和培养一批真正在金融业务知识、网络信息技术、市场营销技能、风险管理水平等方面知识复合、技能交叉的复合型、高素质金融科技人才。

安徽农信注重推荐优秀骨干去农商银行挂职锻炼,参与重点项目建设,到先进银行、国内高校学习深造,参加多层级培训等,让现有人员潜能得到最大发挥。通过系统性的培养,其中部分人员已成为金融科技重要项目的负责人或重要参与者,这是"造血"。

制定了引进人才标准,建立了人才引进常态化机制,面向国内同业、互联网等行业招才引智,不断补充新鲜血液,努力形成优秀人才脱颖而出和持续流入的良好局面。近年来,安徽农信从国有银行、股份制银行、银联、大型互联网公司等外部机构陆续引进数十名高端专业人才,这是"输血"。

充分调动员工的积极性、主动性,最重要的就是要破除体制机制障碍,建立使各方面人才各得其所、尽展其长的长效机制,才能留住人才,激发组织活力。推动晋升和激励机制的优化改革,力争为金融科技人才的发展和成长创造更大的空间,努力形成优秀人才脱颖而出的良好局面,充分调动各个岗位人员的工作积极性和工作热情,这是"活血"。

三、重视与金融科技企业之间合作

区域性银行与金融科技企业的合作是二者在资源配置、资源利用等方面的一次重要尝试,它打破了曾经行业间、企业间"老死不相往来"的壁垒。近几年来,双方合作的成功案例比比皆是,说明了这种互利共赢、优势互补的合作模式是大势所趋。只有紧跟监管政策的导向,保证业务风险可控才能真正地实现技术创新、服务开放。因此,合作伙伴对银行风险防控水平提升能力是重中之重。

从业务操作层面来讲,安徽农信线上贷款产品"金农信e贷",从申请到放款需要经过多数据源的交叉验证,合作伙伴的"生物识别"技术是否成熟、可疑交易是否能够记录、欺诈行为是否能够辨别就是对其技术能力评价的关注点;从业务管理层面来讲,合作伙伴拥有信息重组、科技输出、策略设计等能力,帮助银行降低信息不对称,提升业务处理准确性,更是一个金融科技企业应该具备的"硬核"能力。

四、"科技抗疫"成效显著

突如其来的新冠肺炎疫情是 2020 年最大的"黑天鹅",但疫情也在一定程度上加速了银行的数字化进程,安徽农信用金融科技手段"科技抗疫"成效显著。

2020 年安徽农信提出了"3325"(推出三个创新产品、搭建三大智慧平台、做好两类资产业务、推动五项场景建设)工作思路。由于新冠肺炎疫情原因,给 3.0 版手机银行、企业手机银行、小微企业在线贷款等三个创新产品,及"金农云数""金农云享""金农云智"等三大智慧平台建设进度造成了一定的影响。

新冠肺炎疫情期间,安徽农信手机银行、网上银行、社区 e 银行、金农信 e 付、金农信 e 贷等电子银行产品为客户提供了全时空、全覆盖、全方位的便捷服务,实现了零接触金融服务不掉线的愿景。2020 年除夕至正月,全系统柜面交易量不足 2019 年同期的二分之一,但电子银行渠道交易量较 2019 年同期翻倍,纯线上贷款产品"金农信 e 贷"申请达到 5.66 万人次,签约客户 1.5 万户,授信金额达到 15.7 亿元,通过手机银行自主操作的放还款 65 万笔、224 亿元;手机银行定活互转金额超过 6 亿元,大额存单购买和赎回的规模达到了 1.5 亿元,理财产品交易规模达 15 亿元;基本涵盖全省水电气、学费、党团费等的"云缴费"服务缴费数超 4.3 万笔、1 亿多元;手机银行交易量达 350 万笔、615 亿元,是网点柜面个人转账汇款交易量的 60 倍,社区 e 银行特别开辟出了"防疫专区",上半年防疫类商品交易超过 7300 件、交易金额 27.71 万元,助农类商品交易达 15.58 万件、430.22 万元,极大满足了新冠肺炎疫情期间老百姓日常金融、生活服务的需求。

五、积极布局"新基建"

新型基础设施建设已经上升为国家战略,并将成为驱动经济和社会发展的重要引擎。安徽农信为"新基建"积极规划和布局。

安徽农信着重推动信息化建设,以新产品、新服务为广大客户提供多元化服务为出发点,以不断提高金融服务的覆盖率、可得性和满意度为落脚点,以运用大数据、云计算、人工智能等新技术作为实现手段,将"新基建"真正落到实处。

用产品和服务说话,"金农云数"平台在加强与安徽省数字资源局、地方政府、外部专业机构的合作,引入政务或外部数据,进一步丰富数据平台的数据维度和覆盖面的同时,还发挥了自身本土优势,结合乡风文明和信用村建设,通过"扫村扫户"的网格化手段,线下采集了更多更详尽的非标准化客户信息数据,持续丰富数据指标和标签体系,并推出安徽农金"信用分"产品,打造出了极具安徽农金特色的信用体系。基于"金农云数"大数据平台支撑的"金农云智"营销管理平台,可以实现包括客户画像展示、客户群体分层、营销活动配置、营销结果评价、营销渠道和营销方式管理等功能;运用商业智能技术,搭建"金农云享"平台,通过对行内金融数据的深入分析、整合和挖掘,构建多维度的经营、考核指标体系,具有集交易数据展现、经营数据分析、考核评价管理、业务异常预警等功能于一体的决策支持系统。

这些只是安徽农信"新基建"布局的一个缩影,但是由小见大,每一个细节都是组成"新基建"目标的基础,未来安徽农信将不断前行,用实实在在的产品和服务扮演好"建设者"的角色。

六、推动普惠金融服务升级

普惠金融作为推进乡村振兴的重要路径之一,目前还存在很多困难和问题,安徽农信积极推动普惠金融服务升级,打通普惠金融服务"最后一公里"。

近年来,安徽省联社认真贯彻落实党的十九大精神,扎实推进乡村振兴战略,对安徽农商银行系统服务乡村振兴做出阶段性部署,明确了十大举措和五大目标。

普惠金融服务升级措施和打通普惠金融服务最后一公里其实是相辅相成的,普惠金融服务升级的终极目标就是要完成这最后一公里,而要完成这最后一公里就势必需要推动普惠金融服务升级,这也是安徽农信正在做的。

一是坚持走数字普惠金融发展路径。特别是新冠肺炎疫情使得数字化、线上化金融服务能力和优势进一步凸显,坚定走数字普惠金融发展道路是农商行的成功之路、必由之路。为此,安徽省联社《2020年理事会工作报告》中提出了向"四个银行"(线上银行、数字银行、智慧银行、普惠银行)转型的目标,制定了"3325"的数字普惠金融发展工作思路,持续、坚定推动数字普惠金融发展。

二是加大了数字普惠金融产品创新。把手机银行作为便民、惠民服务的重要载体,并持续完善这一线上服务渠道,目前可为居民提供转账、查询、贷款、信用卡、缴费、购物、电子证件等7大类47项在线服务,且所有服务均免费,真正做到安全、快捷、惠民。截至2020年9月,安徽农信全省手机银行客户已突破1254.6万户,基本实现了"户户通"。"金农信e付"聚合扫码支付产品,实现了一码多用,既可实现客户通过不同支付工具完成扫码支付,又支持商户完成多渠道的收单业务,实现其资金的统一归集和清算。

为给农村地区行业类MIS商户、中小微商户提供更优质的收单结算服务,安徽农信建设了"云收单"平台,方便农村地区用户缴纳水费、电费、学费等费用。目前,各类收单商户近140万户,基本上涵盖了全省衣食住行文教娱各个行业,遍布了全省城乡的各个角落。

乡村振兴带来的政策机遇前所未有,金融科技为做好数字普惠金融提供了更大可能,未来安徽农信将继续发挥好农村金融主力军作用,不断拓展普惠金融服务的广度与深度,持续支持乡村振兴发展。

资料来源:据《中国电子银行网》相关资料整理。

二、农村信用社发展存在的问题

2011年农村信用社明确了商业化转型方向后,取得了阶段性成果:卸掉了历史包袱,资产质量和业务经营有所好转,不良贷款率降低,资本、资产利润率提高,行业中长期存在的系统性、区域性支付风险得到有效控制,商业化可持续发展能力显著增强。但改革并未完全实现预期目标,实际运行中还存在很多问题:产权制度改革缺乏实际内容,没有实质改变;法人治理结构未发生根本变化,内部人控制依然严重;省联社股权关系与管理关系出现"倒挂",地方政府通过省联社加大了对农村信用社系统的干预,监管机制受到侵害,官办色彩依旧,引发新一轮政府主导行为;一些改革的成效是表面性的,缺乏实际价值。具体包括以下几个方面。

(一)产权制度与法人治理问题

2019年中国人民银行等五部门联合发布的《关于金融服务乡村振兴的指导意见》指出,农村信用社改革的方向是股份制,改革的关键是理顺农村信用社的产权关系。虽然社员或者股东是农村信用社名义上的"主人",但实际上产权关系是模糊的,地方政府才是实际控制人,这使得农村信用社希望地方政府对一切不良贷款负责,道德风险由此而产生,也使得农信社"三会"治理结构依然"形似而神不似"。因此,理顺农村信用社的产权关系至关重要。

农村信用社长期置于国家银行和政府的管理之下,"三会"形同虚设、民主管理流于形式,股东参与意愿低、控制权缺失。2003年改革试点方案将农村信用社交给地方政府管理之后,大多数省政府沿袭自上而下的制度供给路径,通过省联社强化了对农信社的管控;基层政府部门也有机会参与地区农村金融资源配置,干预农村信用社自主经营;省联社则不同程度地掌握了辖区农村信用社高级管理人员的人事权,农信社在省联社领导下,缺乏独立的高管任命权力,因此由高管制定的经营策略中体现出明显的地方政府意志,非市场化经营风险凸显。这些变化使农村信用社法人治理结构更难有效运行,形式化日趋严重,主要表现在:理事会容易被内部人控制,监事会大多流于形式,社员大会职责难以有效发挥。按照合作制原则,社员大会是社员行使民主管理权利的场所,也是"三会"中的最高权力机构。然而,改革后的社员大会依然形同虚设,是当前农村信用社中最无责无权的机构。

(二)风险控制问题

农村信用社改革后,虽然其不良贷款率大幅下降,盈利能力显著提高,但是其风险与商业银行相比依然较大。

从央行发布的2018年、2019年和2020年《中国金融稳定报告》可知以下几点。

2018年第一季度,央行完成了对4327家金融机构的首次央行金融机构评级,评级结果分为1级至10级,级别越高表示机构的风险越大。评级结果显示,8级至10级的420家,占比10.58%,其中235家为农村信用社(占比56%)、109家为村镇银行(占比26%)、67家为农村商业银行(占比16%),有58家被评为最高风险级别10级。

2018年第四季度的央行金融机构评级覆盖了4379家银行业金融机构,包括24家大型银行、4355家中小机构(含3990家中小银行和365家非银行机构)。8~10级的586家,D级的1家,占比13.5%,主要集中在农村中小金融机构。农村商业银行有73.2%分布于4~7级;农村信用社和农村合作银行的结果较差,分别有43.3%和32.7%的机构分布于8~10级。

2019年第四季度,央行评级范围涵盖了4400家银行业金融机构,其中大型银行24家、中小银行4005家、非银行金融机构371家。8~10级的高风险金融机构545家,占比12.4%,主要集中在农村中小金融机构。大型银行评级结果最好,农合机构(农商行、农信社、农合行)风险最高,高风险机构数量分别为178家、189家、11家,数量占本类型机构比例分别为12.1%、27.5%、39.3%,资产占中小银行总资产分别为3.05%、1.83%、0.14%。

农信社主要服务对象是"三农",这使其业务成本高、风险大、信息不对称、收益和风险不匹配;部分农信社治理机制不健全,容易引发道德风险,在过度竞争和考核压力下,部分机构经营行为可能出现短期化倾向,从而加大潜在风险;农村金融生态环境较差,包括农村较为落后的信用信息环境,农民较低的金融意识和风险意识等;农信社法人规模比较小,历史负担比较重,抗风险能力差;2020年受新冠肺炎疫情影响,经济整体下滑。以上因素导致农信社金融风险偏高,因此需要通过进一步推进农信社改革,逐渐化解其面临的风险,避免其风险扩散蔓延为区域性、系统性金融风险。

(三)支农与发展问题

"三农"资金需求特点是投资规模较小、成本较高、盈利能力较差、资金回收周期较长,商业银行为"三农"提供金融支持的动力不足。因此,农村信用社等农村金融机构在政策引导下,承担起支持农业发展的政策性任务,而农信社经营与其他商业银行具有相同的盈利性、流动性和安全性标准,只是在程度上有差异,这三性是自主经营的保证,用以谋求经济利益。而支农重任是国家制度性强加给农信社的,并对支农业务做了比较具体的规定。农信社由此具有政策性业务和商业性业务交叉的特殊属性。在这种双重属性下,在现有条件下,农信社既要避免风险,又要支持农村经济和县域经济发展,在现行制度安排下是一个两难问题,难以实现市场化的商业运营,导致其成本收益不匹配,信贷风险防控机制难以落实,即使在商业化改制中仍缺乏有效的市场化竞争能力,经营能力与承担责任不相称的矛盾凸显,造成农信社信贷支农政策目标和可持续发展效益目标的冲突。由于政府对农信社支农无法提供足够的保障和补偿,结果政策性支农往往损伤了农信社的经济利益,农信社产生逃避或转嫁支农风险的自保动机,损害了支农的成效。

(四)与新型金融机构关系问题

2006年中央决策部门降低了农村金融机构准入门槛,批准设立新型农村金融机构。截至2021年6月底,新型农村金融机构共1714家,其中,村镇银行1642家,贷款公司12家,民营银行19家,农村资金互助社41家[①],一些农民专业合作社也办起了金融互助业务,开放式竞争格局的农村金融市场初步确立。同时,农村信用社作为农村金融主力军的地位并未因此而改变,仍然具备基层网点多、贴近农户、信息沟通便捷等有利条件,使更多的农户和其他信贷需求主体获得金融支持,带动农村社会经济水平的整体性提高,形成农村金融与农村经济发展的相互促进。

欠发达农村金融市场上正规金融机构单方面定价现象比较普遍,农户为获得贷款与正规农村金融机构展开非合作性博弈,不得不以各种形式追加贷款成本,结果正规农村金融机构决定贷款投放额度和利率水平,并对农村非正规金融产生挤出效应,抑制了新型农村金融机构的发展。随着城镇化建设的推进,由于缺乏多元化的金融供给主体,无法全面满足不同层次的农村金融需求。而农村二元经济结构决定了正规金融机构只能满足部分农村金融需求。农村信用社信贷对象主要是农户、农村经济组织、个体商户企业及小型企业,以满足它们的基本融资需求。有效的金融市场应能满足弱势群体的信贷需求,防止市场失灵和信贷歧视。农户作为弱势信贷需求者,信贷抑制更加严重。又因为农村金融市场缺乏竞争性,农村信用社处于主导地位,导致农村金融市场活动主体支农意愿不强、服务"三农"功能受限。

(五)互联网金融带来的挑战

面对金融科技快速变化,互联网金融蓬勃兴起,农信机构观念、技术、人才等存在短板,部分农信社难以适应。2013年以来,随着计算机应用技术和移动通信技术的不断发展,互联网金融异军突起,在快速蚕食传统金融的市场。2021年8月中国互联网络信息中心(CNNIC)发布的报告显示:截至2021年6月,我国网民规模达10.11亿,普及率达到71.6%,农村网民2.97亿,占比29.4%,农村地区互联网普及率为59.2%。[②]农村地区网上银行开通数累计6.12亿户,增长15.29%;2018年发生网银支付业务102.08亿笔,小幅增长,金额147.46万亿元,小幅

---

① 数据来源:2021年8月20日,中国银行保险监督管理委员会网站发布银行业金融机构法人名单。

② 数据来源:2021年8月,互联网络信息中心(CNNIC)发布第48次《中国互联网络发展状况统计报告》。

下降。非银行支付机构为农村地区提供网络支付业务共计2898.02亿笔、金额76.99万亿元，分别增长104.4%、71.11%。其中，互联网支付149.18亿笔、金额2.57万亿元，分别增长21.56%、22.57%；移动支付2748.83亿笔、金额74.42万亿元，分别增长112.25%、73.48%，占网络支付份额分别为94.85%、96.66%。非银行支付机构为农村地区网络商户提供收款5.32亿笔、金额2626.31亿元，分别增长92.53%、46.58%。①

互联网金融不仅改变了我们每个人的生活，还在全面改变中国传统金融生态。目前互联网金融已经出现五大模式——第三方支付、大数据金融、众筹、信息化金融机构、互联网金融门户等，应用在融资、理财、交易、支付、营销等多个细分金融领域。互联网金融以其直接面向所有人，随时接受业务请求，服务门槛低至百元级，更强调普惠等优势，而在地域、时间、人群等方面超越了传统金融边界，其终极目标是任何人、任何时间、任何地点、任何联网设备均可以享受最及时、最优质的金融服务。

随着农村互联网的普及，农村网民人数的增长，互联网金融对农村信用社在资金、客户、业务、利润等各领域的分流和蚕食效应将逐步显现。这就要求农信社早做筹谋，采取积极有效的措施迎接互联网金融的挑战。

(六)省联社重新定位问题

随着农信社产权改革的不断推进，省联社管理体制弊端越发凸显。省联社与已经改制完成的农商行以及农信社之间的冲突也在升级和深化。从产权归属看，农村合作金融机构是省联社的股东。从理论上说，省联社应该接受其股东的管理，但现实中却是农村合作金融机构要接受省联社的管理，股权关系与管理关系出现"倒挂"。随着越来越多的农村信用社改制为农村商业银行，以及部分农村商业银行上市，这种矛盾会越来越尖锐。根据现代公司治理制度，股东大会选举产生的董事组成董事会，通过董事会来任命高管。省联社目前实行的行政管理方式与现代公司治理理念背道而驰。因此，省联社改革的核心是理顺管理体制，在保持农村信用社县域法人数量总体稳定的前提下，选择适宜的管理模式，如金融控股集团或者"银行＋金融控股"的模式。

由于顶层设计的缺陷，省联社存在多重属性，既是省政府对农信社系统的行业管理机构，又是接受银监部门监管的金融企业，还是下级法人单位出资的股权式联合体，导致法理关系模糊、履职边界不清、政府强化监管责任与干预经营管理的矛盾。农信社银行化后，省政府的监管责任重大，但如何监管、如何监管到位又不干预经营管理成为省政府的一大难题。省联社代表省政府管理农信社，下设了办事处(审计中心)。有的地方将辖内部分农村信用联社、办事处整合，组建了地市级农商行，一套班子两块牌子，既负责农商行的经营管理，又对农商行和其他信用联社进行监管，致使办事处(审计中心)出现了权责不清、管理越位、管理不到位的现象。同时，有的省联社掌握着农信社员工的录用权、干部的任命权和处分权，在一定程度上控制了辖内农信社具体的经营管理活动。农商行是独立的企业法人，客观上要求自主经营、自主管理。农信社、农商行仍然由省联社统一管理，没有真正实现"谁出资，谁管理，出了问题谁负责"的现代公司治理模式。

---

① 数据来源：2019年4月2日，中国人民银行发布《2018年农村地区支付业务发展总体情况》。

三、农村信用社发展的对策

鉴于农信社改革后依然存在的上述问题,应进一步深化农信社改革,厘清产权关系,理顺公司治理体系;建立市场化机制,充分发挥省联社服务和统筹职能,强化农信社独立法人地位,更好地服务乡村振兴战略;通过加强金融科技建设解决支农与发展目标矛盾和外部竞争带来的挑战。

(一)产权制度多元化,法人治理规范化

2011 年以来,银监会明确提出达到条件的农村信用社改组为商业银行。改组后的农信社产权将逐步理顺,并起到示范效应。这种改组实质上是引入新的产权主体替代原有的所有者虚置,将产权量化到具体的自然人和法人。股份制产权制度具有更大的优势和现实性。在制度安排上,合作制向股份制转化,符合现代商业金融的发展路径。因此,有必要规范法人治理,鼓励职工共同参股,形成机构内部的风险共担机制,防范个别人利用职权谋取私利;同时接受社会监督,定期向社会公布经过中介机构审计确认的经营状况以及监管机构出具的监管意见。

(二)风险控制制度化

在改革过程中,应采取切实有效的措施,建立长效机制,防范和化解农信机构各类风险。一是落实省级政府属地风险处置责任,建立多级风险防控与处置机制,探索风险准备金制度;二是由省联社(农商联合银行)牵头,在全省建立风险互助和流动性互助机制,提升法人行社风险防控能力;三是实施全面风险管理,健全农信机构事前、事中、事后全流程风险管理机制,降低增量风险;四是拓宽不良资产处置渠道和方式,综合运用批量转让、证券化、债转股等手段消化存量不良。央行和监管部门应适当降低相应要求,支持农信机构通过发行永续债等多种资本工具补充资本,符合条件的农商行应优先支持上市;通过定向降准、再贷款、再贴现等措施,进一步加大对农信机构的精准支持,从根本上提升农信机构稳健发展的能力。

为增强农商行规模效应和抗风险能力,对东北和中西部地区规模较小的农信社(农商行、农合行),应鼓励在市场化的基础上进行重组合并,适当组建市级农商行。近年来,四川、广东等省份在重组合并农信社方面进行了积极尝试,取得较好效果,这与坚持县域法人地位的原则并不矛盾。

(三)支农与发展兼顾

为强化农村信用社信贷支农目标,建议做好优化信贷支农投入主体结构、信贷支农目标政策性和盈利性并重、强化对信贷支农的管理等工作。主要措施有以下两个方面。

1.信贷支农目标和可持续发展目标同时兼顾

农村信用合作社本质上是服务社员、服务农村金融的组织。对于中国这样一个农业比重较大的国家,其在农村金融中的支柱地位是商业银行难以替代的。维持农户金融需求和农村金融供给的稳定是一项重要的国家政策,因此信贷支农的目标是其立足农村、服务农村金融的重要表现。但信贷支农不同于财政支农和农业补贴,盈利性应在信贷支农业务上得到充分的体现,否则只能导致信贷支农主体一次又一次地积累不良资产。农信社只有在实现了可持续发展目标的前提下,才能有效地实现信贷支农目标。深化改革过程中需要在农信社双重改革目标的基础上,以市场规则为导向,着力化解其不良资产,推进商业化运作方式,促进其自主经营、自负盈亏地服务"三农"经济,更好地实现信贷支农目标。

2.通过金融科技使用,降低信贷支农成本,增强信贷支农功能

主要措施有:建立支农贷款的风险体系,例如支农贷款风险保障基金、支农贷款保险等;构建支农贷款担保体系,例如农业贷款担保机制、农户贷款政府担保机制、农村信贷机构担保等;推进支农贷款贴息、免息政策、拓展联保贷款业务等;运用金融科技手段改善农村金融服务。金融科技不需要新增物理网点,与其他服务渠道相比,具有交易成本低的优势,有助于实现低成本和高密度的"可口可乐销售模式"。利用金融科技来改善农信社金融服务(包括现金存取、支付结算、信贷、征信等服务),解决多目标冲突的问题,降低交易成本、提高风险识别能力。

(四)与新型金融机构关系协调化

目前对农村金融的改革设想大多局限于短期目标的实现,如果农村金融市场不健全,则农村信用社经营状况难以发生根本性转变。政府一般通过支持和规范农村金融机构、协调正规金融与非正规金融的结构等形式建设多元化农村金融市场、推进合作金融法规建设,适时出台《中华人民共和国合作金融法》等合作金融法规。具体可以从以下几个方面着手。

一是适度降低农村金融进入门槛,鼓励多种所有制的社区性或互助性中小农村金融机构的发展,以弥补农信社支农的不足,满足农村日益旺盛的资金需求,促进农村金融市场多元化。

二是允许有条件的地方在充分防范金融风险的前提下发展新型农村金融机构,其中2007年以来所创办的村镇银行、小额贷款公司、农村资金互助社等金融机构运行状况良好。从总体上看,广大农村地区金融产品仍然供给不足,难以满足多元化金融服务需求,有必要加大新型农村金融机构的发展数量。

三是整合农村金融资源,协调正规和非正规农村金融供给主体的经营活动,规定基层农村商业性金融、政策性金融、合作性金融的经营范围,允许农信社系统内跨区域的协作,强化农村金融市场的竞争性,以弥补农信社资金不足,促使资金回流农村,更好地保证对农村金融的支持。通过构建多元化农村金融市场,可以充分利用金融机构的现有资源,大大降低农信社管理体系改革风险。

(五)金融科技带来的机遇

虽然互联网金融以其便捷、高效、普惠等特色快速占据了传统金融的部分领土,但是这些特点也为传统金融尤其是农信社在产品、技术、制度、管理等方面创新提供了条件和可能。农信社加快数字化转型已经是生存问题,而非发展问题。金融科技是金融业转型发展的关键变量,农信社应积极适应并全方位应用金融科技,在改革中加快数字化转型步伐,积极培育和提升数字化意识,塑造和实施数字化战略、机制、文化,既要以开放包容的姿态积极拥抱跨界合作者,又要着眼长远下大力气培养数字化人才,提升内生的数字化能力。

在产品和技术上,以农户为主要客户的农信社,其产品以小额贷款为主,贷款发放技术以信用和联保为主,比较传统;而互联网金融可以为未被传统金融体系所覆盖的人群提供金融服务,使金融的大门向所有人敞开,是小额信贷、普惠金融的价值指向,亦是其生存之本和发展之源。农信社可以借鉴比较成功的互联网金融小贷模式,如贷款人群选择、单笔贷款规模、贷款周期、审核和跟踪等方面的机制与办法,降低客户道德风险发生概率,提高风险管控能力;通过与互联网金融机构合作,引入数字化技术,扎实推进服务模式创新,借助互联网金融在大数据关联性分析判断上的优势,深度挖掘"三农"贷款风险发生规律,使小额信贷、普惠金融业务得

以进一步提高效率、防范风险。

在制度和管理上,农信社可以借鉴互联网金融发展模式,或者通过与其合作,拓展业务范围,利用自身长期位于农村金融市场第一线的资源优势,积极开拓新的市场,比如开展农村理财、保险、证券、信托等方面的代理或自营业务,增加利润来源。同时可以通过互联网技术,加强内部管理,实现管理扁平化,减少管理层次,节省管理费用,提高管理效率。

(六)省联社跨省合作

2012年7月,银监会发布《关于规范农村信用社省(自治区)联合社法人治理的指导意见》,对省联社进行改革。2021年7月27日,中国银行保险监督管理委员会召开全系统2021年年中工作座谈会指出,要坚定不移推动金融供给侧结构性改革,围绕建立现代企业制度,"一省一策"探索农信社改革模式,提高省级管理机构的履职能力和水平。目前,省联社改革模式选择大多悬而未决,但是出现了各省联社签署战略合作协议新动向。

省联社功能上,要在信息化、智能化、平台化、生态化方面发挥重大作用,指导基层行社在科技、资源、市场等方面走"联合与合作"的道路,拥抱数字经济,走数字金融之路,这既符合监管要求,也是未来发展方向。组织模式上,金融监管部门对省联社改革不搞"一刀切",要求省联社改革要实事求是、因地制宜,根据各省经济发展情况、金融体系、资产质量、风险管控能力、地方政府意图等因素来决定选择哪一种改革方案。中国幅员辽阔,东、中、西部地域特色和经济发展水平各不相同,各地农信社的发展程度不等,省联社具体采取哪种模式没有完美之选,只有适合的模式。

实践中,省联社有联合银行、金融服务公司、金融持股公司、统一法人和完善省联社等五种模式。无论采取哪种模式,淡化管理职能,增强服务职能都是省联社的未来发展方向。据"十三五"规划中关于农信社改革的表述"推进农村信用社改革,增强省级联社服务功能",由此可知,省联社不可能取消,对于其职能转化,也要一分为二地看待。

大型的农商行基本都出现在经济发达地区,一些经济欠发达省份的农信社还是零散的,经营管理仍然落后,需要省联社对其经营进行指导、帮助。对于地方大型农商行,随着资本扩张、跨省经营,省联社已经很难对其经营进行实质性的干预,未来省联社必然只能"重服务轻管理",其行政管理职能将逐渐淡化,进而转型成为类似于行业协会的机构,侧重服务功能。

数据显示,随着改制不断提速,已有部分省份完成了整体改制。其中,北京、天津、上海、重庆、安徽、湖北、江苏、山东、江西和湖南10省(直辖市)已全面完成农村商业银行组建工作。相对明晰的产权制度有利于试点改革,省联社改革试点,宜从已经全部完成改制的省份开始。

附录：国家有关农村金融重大文件和法规演变

1951年,中国人民银行:《农村信用合作社章程准则》《农村信用互助小组公约》。
1979年,国务院:《关于恢复农业银行的通知》。
1981年,国务院:《中国农业银行关于农村借贷问题的报告》。
1982年,中共中央一号文件:《全国农村工作会议纪要》。
1983年,中共中央一号文件:《当前农村经济政策的若干问题》。
1984年,国务院:《中国农业银行关于改革信用社管理体制的报告》。
1984年,中共中央一号文件:《关于1984年农村工作的通知》。
1985年,中共中央一号文件:《关于进一步活跃农村经济的十项政策》。
1986年,中共中央一号文件:《中共中央、国务院关于一九八六年农村工作的部署》。
1990年,中国共产党第十三届中央委员会第八次全体会议:《中共中央关于进一步加强农业和农村工作的决定》。
1996年,国务院:《关于农村金融体制改革的决定》。
1997年,国务院:《关于金融体制改革的决定》。
1997年,国务院:《关于农村金融体制改革的决定》。
2003年,中共中央一号文件:《关于全面推进农村税费改革试点的意见》。
2003年,国务院:《深化农村信用社改革试点方案》（国发〔2003〕15号文件）。
2004年,中共中央一号文件:《中共中央 国务院关于促进农民增加收入若干政策的意见》。
2005年,中共中央一号文件:《中共中央 国务院关于进一步加强农村工作提高农业综合生产能力若干政策的意见》。
2005年,国务院:《关于2005年经济体制改革意见》。
2006年,中央一号文件:《关于推进社会主义新农村建设的若干意见》。引导农户发展资金互助组织。
2006年,银监会:《调整放宽农村地区银行业金融机构准入政策的若干意见》。
2007年,《关于积极发展现代农业扎实推进社会主义新农村建设的若干意见》。
2008年,《关于切实加强农业基础建设进一步促进农业发展农民增收的若干意见》。
2009年,中央一号文件:《关于2009年促进农业稳定发展农民持续增收的若干意见》。加快发展多种形式的新型农村金融组织。
2010年,中央一号文件:《关于加大统筹城乡发展力度进一步夯实农业农村发展基础的若干意见》。加快培育农村资金互助社,有序发展小额贷款组织,设立适应"三农"需要的各类新型金融组织。
2011年,中央一号文件:《关于加快水利改革发展的决定》。
2012年,银监会:《关于农村中小金融机构实施富民惠农金融创新工程的指导意见》（银监办发〔2012〕189号）。
2012年,银监会:《关于农村中小金融机构实施金融服务进村入社区工程的指导意见》（银监办发〔2012〕190号）。

2012年,银监会:《关于农村中小金融机构实施阳光信贷工程的指导意见》(银监办发〔2012〕191号)。

2012年,银监会:《农户贷款管理办法》(银监发〔2012〕50号)。

2012年,银监会:《关于做好老少边穷地区农村金融服务工作有关事项的通知》(银监办发〔2012〕330号)。

2012年,中共中央 国务院:《关于加快发展现代农业 进一步增强农村发展活力的若干意见》。

2012年,中共中央一号文件:《关于加快推进农业科技创新,持续增强农产品供给保障能力的若干意见》。

2013年,中共中央一号文件:《关于加快发展现代农业 进一步增强农村发展活力的若干意见》。

2013年,国务院办公厅:《关于落实中共中央国务院关于加快发展现代农业 进一步增强农村发展活力若干意见有关政策措施分工的通知》(国办函〔2013〕34号)。

2013年,银监会:《关于做好2013年农村金融服务工作的通知》(银监办发〔2013〕51号)。

2013年,银监会:《关于中小商业银行设立社区支行、小微支行有关事项的通知》。

2013年,银监会:《关于持续深入推进支农服务"三大工程"的通知》(银监办发〔2013〕81号)。

2014年,中共中央一号文件:《关于全面深化农村改革加快推进农业现代化的若干意见》。

2014年,银监会:修订完善《农村中小金融机构行政许可事项实施办法》。

2014年,银监会:《关于做好2014年农村金融服务工作的通知》(银监办发〔2014〕42号)。

2014年,国务院:《关于金融服务"三农"发展的若干意见》(国办发〔2014〕17号)。

2014年,银监会:《关于推进基础金融服务"村村通"的指导意见》(银监办发〔2014〕222号)。

2014年,银监会:《关于进一步促进村镇银行健康发展的指导意见》(银监发〔2014〕46号)。

2014年,银监会:《关于鼓励和引导民间资本参与农村信用社产权改革工作的通知》(银监发〔2014〕45号)。

2014年,银监会:《加强农村商业银行"三农"金融服务机制建设监管指引的通知》(银监办发〔2014〕287号)。

2015年,中共中央一号文件:《关于加大改革创新力度加快农业现代化建设的若干意见》。

2015年,国务院:《关于深化供销合作社综合改革的决定》。

2015年,银监会:《关于做好2015年农村金融服务工作的通知》(银监办发〔2015〕30号)。

2015年,国务院:《推进普惠金融发展规划(2016—2020年)》。

2016年,中共中央一号文件:《关于落实发展新理念加快农业现代化实现全面小康目标的若干意见》。

2016年,银监会:《关于做好2016年农村金融服务工作的通知》。

2016年,全国两会:《第十三个五年规划纲要》。

2016年12月,中共中央 国务院:《关于深入推进农业供给侧结构性改革加快培育农业农村发展新动能的若干意见》(2017年中央一号文件)。抓紧研究制定农村信用社省联社改革方案。

2017年7月,第五次全国金融工作会议。

2017年10月,中国共产党第十九次全国代表大会。

2018年1月,中央一号文件:《中共中央国务院关于实施乡村振兴战略的意见》推动农村信用社省联社改革,保持农村信用社县域法人地位和数量总体稳定。

2018年3月,两会《政府工作报告》:推动重大风险防范化解取得明显进展。

2019年1月,中央一号文件:《中共中央 国务院关于坚持农业农村优先发展,做好"三农"工作的若干意见。推动农商行、农合行、农村信用社逐步回归本源,为本地"三农"服务。

2020年1月2日,中央一号文件:《中共中央 国务院关于抓好"三农"领域重点工作确保如期实现全面小康的意见》。深化农村信用社改革,坚持县域法人地位。加强考核引导,合理提升资金外流严重县的存贷比。

2020年1月2日至3日,中国人民银行工作会议在北京召开,会议部署2020年重点工作之一:深化中小银行和农信社改革。

2020年7月20日,中国银行保险监督管理委员会召开2020年年中工作座谈会暨纪检监察工作(电视电话)会议,总结上半年工作,研究分析当前形势,安排下半年重点任务:加快推进中小银行改革,稳步推进农村信用社改革,因地制宜、分类施策,保持地方金融组织体系完整性,尤其要保持农信社或农商行县域法人地位总体稳定。

2021年1月2日,中央一号文件:《中共中央国务院关于抓好"三农"领域重点工作确保如期实现全面小康的意见》。深化农村信用社改革,坚持县域法人地位。加强考核引导,合理提升资金外流严重县的存贷比。

参考文献

[1] 中国人民银行, http://www.pbc.gov.cn/.
[2] 中国银行保险监督管理委员会, http://www.cbirc.gov.cn/.
[3] 中华供销合作总社, http://www.chinacoop.gov.cn/.
[4] 中华合作时报, http://www.zh-hz.com/.
[5] 中华人民共和国国家统计局, http://www.stats.gov.cn/.
[6] 中华人民共和国农业部, http://www.moa.gov.cn/.
[7] 中华人民共和国国家工商行政管理总局, http://www.saic.gov.cn/.
[8] 中华人民共和国国务院, http://www.gov.cn/guowuyuan/.

第四部分　农村资金互助社发展研究报告

一、我国农村资金互助社的历史逻辑与现实需求

（一）农村资金互助社的发展历程

与传统商业性金融相比，"土生土长"的农村资金互助社实现了地缘、人缘和信任机制的联结，内在优势突出。而从外在支持来说，农村资金互助社自产生之初就受到诸多政策关怀，且日益受到国家重视。从时间上看，我国农村资金互助社发展经历了三个阶段。

1.自发探索阶段：2003—2005年

农村资金互助社最初产生于农民专业合作社内部，以成员之间信用合作为基础开展互助性信贷业务，称之为资金互助小组。早在2003年，吉林省四平市梨树县闫家村8户养猪农民出资3200元成立了"百信农民合作社"，随后在合作社互助小组基础上又成立了百信农民资金互助合作社。2004年中央一号文件[①]提出发展"多种所有制农村金融组织"，推动了全国多个地区开始资金互助合作的大胆尝试。此时农村资金互助社还存在于法律框架之外，仍属于民间借贷的范畴。

2.政策引导阶段：2006—2007年

2006年中央"一号文件"[②]明确要求"引导农户发展资金互助组织，规范民间借贷"，同年，银保监会[③]先后出台《关于调整放宽农村地区银行业金融机构准入政策、更好支持社会主义新农村建设的若干意见》《农村资金互助社管理暂行规定》《农村资金互助社组建审批工作指引》等指导性文件，对农村资金互助社组织机构、股权结构、成员构成等方面进行了规范。2007年《农村资金互助社管理暂行规定》通过并施行，同年，《农村资金互助社示范章程》也迅速配套跟进；此后，在法律规范之外，中央又陆续地对其发展和规范作出政策性指引。2007年3月9日，百信资金互助社正式挂牌成立，成为全国首家取得金融许可的资金互助社，它的成立昭示了农村资金互助合作组织在开始趋向正规化（何广文，2007）。

---

① 参见《中共中央 国务院关于促进农民增加收入若干政策的意见》（中发〔2004〕1号），2003年12月31日。

② 参见《中共中央 国务院关于推进社会主义新农村建设的若干意见》（中发〔2006〕1号），2005年12月31日。

③ 2018年3月13日，国务院机构改革方案提请十三届全国人大一次会议审议。根据该方案，改革后，国务院正部级机构减少8个，副部级机构减少7个，除国务院办公厅外，国务院设置组成部门26个。其中，方案提出，拟将中国银行业监督管理委员会和中国保险监督管理委员会（以下简称保监会）的职责整合，组建中国银行保险监督管理委员会（以下简称银保监会），作为国务院直属事业单位。

3.规范发展阶段:2008年至今

政策的引导意味着更快的发展,接着就需要更为严格的规制,2008年4月24日中国人民银行和银保监会联合下发了《关于村镇银行、贷款公司、农村资金互助社、小额贷款公司有关政策的通知》,对存款准备、存贷款利率、风险管理等内容做出了详细规定。同年10月份在中共中央十七届三中全会上通过的《中共中央关于推进农村改革发展若干重大问题的决定》明确提出"允许有条件的农民专业合作社开展信用合作"。

2009年银保监会公布了《新型农村金融机构2009—2011年总体工作安排》,为做好农村金融机构的培育和发展工作制订了详细的计划,计划到2011年新型农村金融机构数量达到1294家,其中农村资金互助社161家。2010年中央一号文件《中共中央 国务院关于加大统筹城乡发展力度 进一步夯实农业农村发展基础的若干意见》提出要"加快培育村镇银行、贷款公司、农村资金互助社"有序发展小额贷款组织,引导社会闲散资金投资设立适应"三农"需要的各类新型金融服务组织。2012年《关于加快推进农业科技创新 持续增强农产品供给保障能力的若干意见》鼓励民间资本进入农村金融服务领域,有序发展农村资金互助组织,引导农民专业合作社规范开展信用合作。2013年《关于加强国家现代农业示范区农业改革与建设试点工作的指导意见》要求健全农业融资服务体系,以政策性银行、商业银行和农村中小金融机构为主体,农业投融资担保机构为重点,农民资金互助合作社为补充,农业信用体系建设为保障的农业融资服务体系。

2014年中央一号文件提出"发展农村资金互助组织要在管理民主、运行规范、带动力强的农民专业合作社和供销合作社基础上,培育发展农村资金互助社,不断丰富农村地区金融机构类型"。2015年《中共中央国务院关于加大改革创新力度 加快农业现代化建设的若干意见》稳妥开展农民合作社内部资金互助试点,鼓励开展"三农"融资担保业务,支持银行业金融机构发行"三农"专项金融债,开展大型农机具融资租赁试点。2016年《关于落实发展新理念加快农业现代化 实现全面小康目标的若干意见》引导互联网金融、移动金融在农村规范发展。扩大在农民合作社内部开展信用合作试点的范围,健全风险防范化解机制,落实地方政府监管责任。2017年中央一号文件再次提出"规范发展农村资金互助组织,严格落实监管主体和责任。开展农民专业合作社内部信用合作试点",我国农村资金互助社在政府的推动下快速发展,以合作社为基础成立的资金互助组织形式也开始多元化,成为新型农村金融机构的新生力量。

(二)农村资金互助社的制度优势

新型合作金融组织主要为其所在地的乡村社员、农户和经济组织提供金融服务,因此资金的互助合作是合作金融区别于其他金融的显著特点之一(王杨,2020)。已有研究认为,农村资金互助社之所以具有良好的运行绩效,其最大的优势就是在一定范围之内、风险可控的情况下能够以较低的成本向特定群体提供金融服务。最直接的体现就是互助社成员所获得贷款利率明显要低于农信社的贷款利率[①]。而这种优势的发挥与其所处农村社区的特点和独特的内部治理制度优势是分不开的。

---

① 马九杰和周向阳(2013)调研的4家资金互助社的利率月息在1分至1分3厘之间,同期农信社的贷款利率大约是月息1分2厘。但如果考虑到农信社贷款需要花费一定隐性融资成本(如请客、吃饭及送礼等),前者的成本是相对较低的。

1.农村资金互助社根植于社区的特点降低了贷款成本

农村合作金融组织产生发展的历史表明,资金互助组织由农村私人借贷市场演进而来,农村合作金融的产生应该是其相对于私人借贷存在优势(李廷等,2018)。农村资金互助社根植于社区和村庄,其天然的信息优势和长期形成的社区规范降低了贷款成本。相对于正规金融组织,农民资金互助社在农村金融市场的交易费用较低与信息对称是其得以存续的优势(张雷、陈东平,2017)。首先,资金互助社的经营者比农村信用社和其他正规金融机构的信贷员更了解本村农户,这有助于缓解借贷双方信息不对称问题,从而降低贷款成本(何广文,2007;王苇航,2008)。其次,也是由于借贷双方信息比较对称,使得借贷手续极其简单,从而减少了交易成本(张庆亮、张前程,2010)。再次,社区规范的存在制约了资金互助中违约行为的发生(王玮、何广文,2008)。一方面,农村社会所独有的声誉机制、道德约束机制等内在约束机制能够保证绝大多数借款人按期归还贷款,减少呆账坏账发生的可能(张庆亮、张前程,2010);另一方面,为防止个别成员滥用信任资本的机会主义行为的发生,农村社区还将自动启动一定的惩罚机制(何广文,2007;马九杰、周向阳,2013)。

2.农村资金互助社独特的治理制度安排缓解了委托代理问题

资金互助社独特的制度安排降低了代理成本。从理论上讲,资金互助社的核心发起人兼具所有权、控制管理权和剩余索取权,这种制度安排一方面避免了传统"委托代理问题"的出现,同时还提高了组织经营的灵活性。农村资金互助社的建立基础是熟人经济模式,其最大特点在于非跨域经营,省去了货币流通成本和相应的融资交易成本,从而降低风险,保证资金链的可持续性(孙茂源等,2021)。核心发起人存在努力实现资金互助社的剩余收益最大化的激励(马九杰、周向阳,2013)。这样由内部成员承担风险、共同商议"游戏规则"的制度安排不需要类似于商业银行那样的管理团队和办公设施,进而有助于降低农村资金互助社的运行成本,其中最为明显的就是,给管理人员报酬较少或无报酬。例如,在甘肃石林资金互助社,理事长与总经理可以领取每月1000元的工资,工作人员的月工资也是1000元左右,但还是低于当地单个劳动力平均每天50~100元的平均工资水平(高红霞、杜司赢,2012);再如,安徽银燕资金互助社规定,除理事长和经理外,其余人员不得在互助社领取任何报酬,并且给理事长和经理也是支付了一个象征性的报酬(王刚贞,2012)。甚至,有些地区的农村资金互助社没有正规化的营业场所,工作人员较少,如陕西关口坝资金互助社(邵传林,2010)。此外,农村资金互助社的突出特点就是社员既是所有者、管理者,又是服务对象。由于互助社由社员共同出资,并且共同管理,因此对于资金的借款者,为保证资金的安全,其他未借款社员共同监督。这在一定程度上降低了监督的成本与管理成本,更有利于农村资金互助社的可持续发展。虽然资本大户有着追求个人利益最大化、改变互助社属性和发展方向的主张,但组织治理结构和治理机制有效性的发挥能够抑制资本大户的改向主张(陈东平、钱卓林,2015)。

3.建立在专业合作社基础上的资金互助社具有额外的低风险优势

除了以上通用优势之外,作为建立在专业合作社基础之上的农村资金互助社,还具备通过"股权信贷"机制和关联交易来降低信贷风险的优势。

首先,专业合作社基础上发展起来的"股权信贷"机制能够有效控制信贷风险。通过股权信贷的方式,合作社通过统一购买生产资料、统一出售农产品,将差价中所得到的收益加上社员股金的一部分入股农信社,然后社员能以联保形式向农信社申请贷款。这种"农户—资金互助社—信用社"的形式加上社员间联保机制,能有效降低农信社的贷款风险(秦煜,2008)。

其次,关联交易培养了农民的合作意识,降低了违约风险。这方面的讨论主要针对内生于农民专业合作社的资金互助社。农民组织化和关联性交易对资金互助社的发展是至关重要的两个因素(王建英、陈东平,2011)。一方面,从成立农民专业合作社到资金互助社的发展,正是农民通过生产、购销合作和内部交流提高其合作意识和民主管理能力的过程。另一方面,互联合同也可以影响融资活动并保障各种融资活动的安全,从农户生产经营中内生出来的资金互助社能进行有效的互相监督和合同互联(洪正,2011)。具体而言:一是由于在生产或经营方面密切合作,从而能有效监督农户资金活动,及时监测到并控制借款人事前和事后的道德风险;二是农户在专业合作社平台上的合作经营形成的各种经济权利的结合产生了某种"浮动担保"的机制,能够在一定程度上替代担保物;三是通过"重复博弈"加以约束(郑宏等,2012)。

4.依托熟人网络的农村资金互助社具有信息优势

农村资金互助社建立在血缘、地缘和业缘的基础上,依托农村的熟人网络,具有明显的信息优势。农村金融需求分散、金额小、周期性强,商业银行标准的贷款审查程序需要耗费相当的时间和成本,在利益权衡下,商业银行纷纷选择将其拒之门外。农村资金互助社利用社区网络,可以高效、快捷地获取信息,具有信息对称、交易成本低的特点(张震,2018)。由于是农民资金内部互助,在信息传递过程中直接由资金双方进行交涉,减少了中间商的介入,提高资金信息准确度的同时,也加快了信息传递速度。另外,内部互助,意味着双方对彼此的社会关系较为了解,在根本上提供了信誉保障,如恶意借贷、恶意拖欠资金等风险的发生概率会降低很多(程增荣,2021)。

5.农村资金互助社创新了财政扶贫机制

目前占据主导地位的具有扶贫性质的互助社模式,由财政投入的扶贫资金做引导,有效带动了贫困农户的积极参与和投入,农户脱贫致富的长效机制逐渐形成。互助资金借给农户,主要用于支持发展生产和增收项目,将有限资金集中投入发展优势产业上,贫困农户收入水平显著提高,带动了地方经济发展。直接面向贫困农户、一次投入、滚动发展、互相帮助、效益多样的投入新机制,使扶贫资金的支持作用持续放大,资金使用效率也提高到一个新水平(高杨,2014)。不仅解决了过去没有后续资金支撑持续发展的问题,还实现了财政扶贫资金由"输血"向"造血"的功能提升,而且较好地解决了财政扶贫资金对穷人瞄准性不够和农村资金流失的问题(廖继伟,2010)。例如,旺苍县锦旗、中河两个村的部分贫困农户使用互助资金积极发展生猪、小家禽等养殖,借款户户均增收 500 元以上;安岳县高屋乡驾马村通过互助资金的支持,全村人均纯收入排位进入全乡前 3 名。

此外,基于专业合作开展资金互助还具有如下比较优势:离农村金融需求更近、便于克服信息不对称、专业合作与资金互助互相促进、利用专业合作社现有的法人地位和相关扶持配套政策以及范围经济有助于降低成本等(楼栋等,2011)。资金互助社为多种资金提供了一种组织化、制度化和可持续化的发展路线。三类互助社的资金来源多样化,通过资金互助社的运营,改变了原来农村资金无法形成有效良性循环的问题,特别是实现了扶贫资金的倍数放大,提高了扶贫资金的使用效率和效果。另外,农户有了交易成本较低的融资渠道,对民间不规范的金融交易行为会产生挤出效应,民间借贷活动可以资金互助社为样板,寻求实现组织化、制度化、合规化发展的途径。

(三)农村资金互助社存在的问题

由上可见,农村资金互助社内在的优势突出,外在又有诸多的规范政策支持,理应向好的方向发展,可当下的农村资金互助社仍然存在以下不足之处。

1. 束缚太紧,呈被"挤出"之势

2007年中共中央、国务院发布《关于积极发展现代农业,扎实推进社会主义新农村建设的若干意见》,强调加强"三农"工作,推进社会主义新农村建设。此后,银保监会开始在全国11个农村试点农村资金互助社。2008年银保监会发布《新型农村金融机构2009—2011年工作安排》,明确到2011年要在全国设立161家农村资金互助社。但受防风险、严管控、慎审批监管思路的影响,获得金融许可证的农村资金互助社与预期相去甚远。据统计,2008年农村资金互助社仅10家,2009年仅16家,2010年为38家,2011年为46家,2014年达到49家,2015年减少到48家,2018年进一步缩减到45家,2019年年底仅有44家,分别分布在全国16个省区。截至2020年12月31日,全国范围内经银保监会批准的农村资金互助社锐减到41家(见图4-1)。

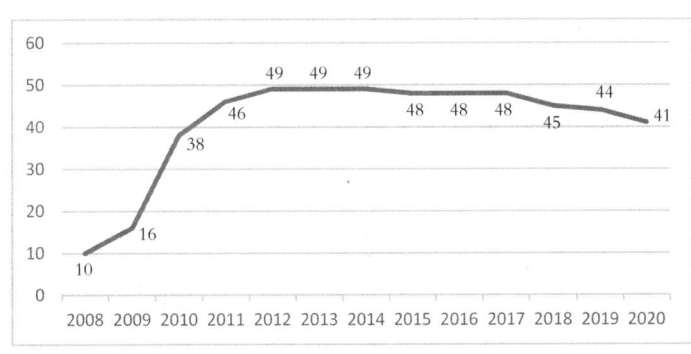

图4-1 2008—2020年农村资金互助社数量

2. 资金来源受限,资金供需矛盾凸显

资金短缺问题长期困扰着农村资金互助社的扩大发展。根据《暂行规定》第41条,农村资金互助社的资金来源包括社员股金、社员存款、接受社会捐赠以及向其他银行业金融机构融入四个渠道。其中,社员股金、存款是核心的内生性资金来源,社会捐赠、商业金融机构拆借仅具有"临时供血"的作用。现阶段,农村资金互助社尚缺乏市场知名度和认可度,在"跑路""违规"等风波影响下又声誉欠佳,对捐赠方的吸引力不足,再加之既有法律对捐赠主体、能力、流程的规范较含糊,因此,捐赠这一外源性融资严重不足。农村资金互助社利润较低、资金回笼慢、缺乏抵押性担保、鲜有制度激励,导致商业性金融机构对其融资端业务支持不力。商业银行对农村资金互助社的资金拆借多是对"三农"政策的被动回应。因此,农村资金互助社要想获得足够的运作资金,只能依靠内部社员。而就实际情况看,许多农村资金互助社存在注册资本极低、吸收存款不足的问题。

3. 治理结构僵化,"内部人控制"现象严重

公司法人治理的框架被生硬地套用到农村资金互助社的治理结构中,《暂行规定》基本按照"三权分立"的理念来设置互助社的内部权能,将决策权分配给社员大会,经营管理权分配给理事会,监督权分配给监事会,彼此相互制衡,并形成了"一人一票"的民主合作决策体系及附加投票权的资本决策体系,试图引导农村资金互助社建立起"三权制衡＋发起人精英化＋所有权与控制权联合＋控制权与剩余索取权结合"的一体化架构来实现互助社内部优化治理,推进民主治理的"人合化"和风险治理的"资合化"。制度设想虽好,但这种过于僵化的管控未能使农村资金互助社最初的美好愿景落到实效,内部人控制、治理混乱问题已成为其发展的桎梏。

（四）农村资金互助社的发展类型

农村资金互助社,狭义的概念是指经银行业监督管理机构批准,由乡（镇）、行政村农民和农村小企业自愿入股组成,为社员提供存款、贷款、结算等业务的社区互助性银行业金融机构。在此类被官方认可的资金组织之外,各地农村确实还存在着数量上大大超过正规资金互助组织的半正规和非正规资金互助组织。这种以小范围的血缘地缘关系为纽带组成的社区性金融,是信息对称、互信度很高的民间资金融通组织,有着独特的运行机制,充分利用了社区中的熟人社会机制和社区规范惩罚机制进行信贷风险控制（王玮、何广文,2008）。相比于商业性金融和政策性金融,往往具有更低的农村金融准入门槛和市场交易费用。

从已有的理论研究来看,此类资金互助组织发展前景广阔,但在实际运作过程中,不管是股权结构、收益分配等基本财产关系,还是决策管理、激励监督以及风险控制等派生的内部治理机制,都呈现出很大的差异性,由此导致不同的经济、社会和制度绩效（王刚贞,2012）。目前,我国农村资金互助社按性质大致可分为两类。一类是经银保监会批准,获得金融业务许可证的正规农村资金互助社。这类互助社的形成途径主要包括新设成立、由原农民专业合作社组建成立、原自发组织的农村资金互助社获得许可证成立三种。我国首家被银保监会认可的农村资金互助社——吉林闫家百信农村资金互助社就是在农民自发组织成立的基础上由银保监会发放的金融业务许可证。截至2020年12月31日,全国范围内经银保监会批准的农村资金互助社锐减到41家。另一类则是没有经过银保监会正式批准并在工商部门注册登记,获得金融营业牌照的农村资金互助社,可以将其归类为非正规农村资金互助社。这些非正规农村资金互助社是各地政府金融办、农工委为了响应中央"支农"政策,积极推动和引导成立的新型农村资金互助合作社。根据监管部门和运行方式,非正规农村资金互助社主要有两种形式:一是农民专业合作社内部开展资金互助,虽然没有在任何部门登记注册,但由于依托产业发展开展资金互助,发展空间巨大,成为政策支持的重点和未来合作金融的发展方向。2009年2月银保监会发布《关于做好农民专业合作社金融服务工作的意见》,指出"鼓励有条件的农民专业合作社发展信用合作",为专业合作社开展信用合作创造了良好的外部环境。二是贫困村村级发展互助资金,是由政府安排一定数量的财政扶贫资金,由贫困村村民自愿参与成立的负责贫困互助资金管理的互助合作组织。

表4-1 我国资金互助社的类型

类型	名称	许可和登记	监管或主管部门
正规组织	农村资金互助社	银保监会颁发《金融许可证》,工商部门登记	银保监会
非正规组织	合作社内的资金互助部	无《金融许可证》,无登记	农业部门;供销合作社
	贫困村村级发展互助资金	无《金融许可证》,民政部门登记	扶贫办、地方财政、行政村委员会

1. 银监部门批准的农村资金互助社

2006年,银保监会将农村资金互助社作为新型农村金融机构给予了正规金融机构的身份,颁发金融许可证,并纳入监管范围。现阶段,这种资金互助形式在广大农村地区有着强烈的需求。据估算,全国各地农村成立的不同形式的资金互助组织多达万家。但是,截至2020年12月31日,银保监会批准成立的农村资金互助社只有41家,这一数量与全国资金互助组织的大量存在形成鲜明对比。

2. 农民专业合作社内部开展信用合作

农民专业合作社内部开展信用合作,既能充分发挥闲散资金的作用,又能提高闲置资金的利用率和收益率,按照"对内不对外、用于产业发展、吸股不吸储、分红不分息"的原则,开展区别于农村金融机构的专业合作社内部信用合作,其性质是为合作社内部成员提供短期借款服务,满足合作社成员对发展资金的需求。这种类型组织的运行模式有两种,一种模式是在合作社内部设立信贷部。由信贷部吸收合作社成员的闲散资金和出卖产品的结算资金,合作社成员只要经过资金互助审核,就可获得生产经营所需要的资金。第二种模式是生产合作与资金互助相结合的"1+1"模式。这种模式是以农民专业合作社为依托,遵照"限于成员内部、用于产业发展、吸股不吸储、分红不分息"的基本原则,组建不同类型的"1+1"农民专业资金互助合作社,探索"新型农业经营主体+资金互助合作社+农户+基地"的产业化运行模式。农民专业合作社社员可以利用农村土地使用权抵押贷款融资等,也可以联合组建"农村土地+资金互助"合作社,开展资金互助和信用合作,让更多的农民参与农产品加工、流通领域,满足社员对生产发展的资金需求,促进土地适度规模经营和农业产业化发展。

3. 贫困村级资金互助社

贫困村级资金互助社,由财政、扶贫部门牵头、监管,以财政扶贫注资为主,要求被扶持对象出资配套,争取无任何附加条件的社会捐赠资金为补充。其运作模式是通过扶贫资金互助协会实现的,由民政部门登记发证,在行政村或村民小组范围内,依托村委会、村民小组或农民专业合作社设立,生产发展资金由村民所有、村民使用、村民自主管理、村民受益,互助社以扶贫资金互助为目的,只在本社内周转借用。

(五)农村资金互助社的现实需求

农村资金互助社是合作金融的一种有效组织形式,在政策金融、商业金融之外,建立真正的合作金融组织,是完善我国农村金融体系的必然要求。发展农村资金互助社能有效解决农民贷款难问题,满足农村市场多样化的金融需求,引导民间金融向正规化方向发展,促进农业专业化、产业化发展,有利于有效解决农村"金融抑制",实现农村"金融深化"。

1. 满足农村市场多样化的金融需求

由于农户贷款具有额度小、分散性、风险高、收益低、季节性强等特点,加之农户与银行等金融机构的信息不对称等问题,商业银行等金融机构出于利益最大化的需要,不愿向"三农"提供信贷支持,使得农村金融供需矛盾突出,严重影响了社会主义新农村建设和农村经济的可持续发展。农村资金互助社作为真正的农民的"炕头银行",能够有效解决农村金融供需矛盾问题,满足农村市场多样化的金融需求。农村资金互助社利用本身具有的信息优势、交易成本优势等"天然优势",能够充分了解本地农民的资金需求特点,知道什么时候资金需求量比较大,了解这些信贷资金的具体用途,因此可以提供有针对性的金融服务。互助社能够有效活跃农村内部资金,合理调剂农村内部资金余缺,防止农村资金外流。

2. 满足农户对农村普惠金融的差异化需求

一部分先富农民包括家庭农场主或大型专业户,他们希望利用贷款进行生产周转的短期融资或扩大生产的长期融资。但是,这部分农户可用于抵押担保的资产非常有限,或者现有的贷款品种难以满足,小额信贷机构或民间组织的贷款往往对他们更有吸引力,他们也更容易获得。受土地、自然资源和天气等自然禀赋的影响,相比大型专业种植户,小康型的农户对小农的农业贷款需求更急迫,且呈现季节性变化。再者,随着社会主要矛盾的变化,一些居民渴望过上更好的生活,对耐用消费品的需求也在增长,农村资金互助社、贷款公司为吸引这部分潜在客户,就会给予他们最大限度上的帮扶。处于贫困线上的大多数贫困农民由于疾病和灾害造成的贫困而无法维持正常生活,虽然他们可以通过社会保障在很大程度上解决,但缺乏资金和缺乏技术的农民需要资金来改善或创造生产经营条件,因为正规金融机构的限制条件,很难获得贷款,而新型农村金融机构中的农村资金互助社、贷款公司会让他们绝处逢生。

3. 缓解农村创业资金短缺

农村经济发展中的供需矛盾已成为现代农民创业过程中的难点,由于缺少金融机构的参与,很多富裕的资源难以转换成需要的资金,推动农村内部融资模式发展,集融资、贷款为一体的农民资金互助体系,已成为现代解决农民创业资金短缺的主要方式。早在2010年,中共中央国务院便已下发了相关文件,大力鼓励农民资金互助工作的展开,从政策、资金等方面提供帮助。通过农民内部的资金流转,提高资金活跃度,拓宽资金流转的渠道。且相对其他机构来说,这种内部消化流转的形式,跳过了抵押担保的环节,增强了双方对各自的信任度,减少了申请的流程,加速资金周转,一步到位。

4. 引导民间借贷行为

在现代市场经济体制的发展下,农村经济也在一定程度上有了提高,但随之而来的,是贫富之间的差距越来越明显。在过去,由于农民对相关法律知识的不了解,导致民间很多借贷活动不规范,出现了较多的资金纠纷,但随着农民资金互助概念的提出,借贷的主体变成了农民本身,其交易的环境也发生了很大的改变,不仅避免了各种不规范操作的行为,也推动了农村经济的良性发展。发展资金互助社能够有效遏制民间非法金融的蔓延和发展,是规范组织的重要手段。通过发展资金互助社,一方面将民间金融资金纳入国家正常的融资渠道,把这些民间借贷纳入阳光操作,提高民间融资的组织化、规范化和机构化。另一方面,农户有了交易成本较低的融资渠道,对不规范的民间借贷构成一种排挤,使得高利率的民间借贷失去市场需求。

5. 引导农村正规金融与农户合作

正规金融机构向农户提供金融服务存在着信息不对称、交易成本高等问题,而农村资金互助社具有前文所述的"天然优势"能有效解决这些问题。但农村资金互助社资金实力有限,在向社员提供贷款有时会存在心有余而力不足的情况。农村资金互助社可以充分发挥信息成本优势和监督成本优势,作为农村正规金融机构与农户之间相联结的纽带,以互助社名义或者以互助社做担保引导农村正规金融机构向农户提供贷款,从而有效解决农村正规金融机构为农户提供信贷时存在的信息严重不对称和交易成本高的问题。这样不仅满足了农村金融需求,也提高了农村正规金融机构的经济效益。

6.更好发挥农村合作金融的独特优势

首先,农村合作金融贴近农民。与其他金融组织形式相比,各种农村合作金融组织都设在农村,与农民直接接触,是为农民提供金融服务最为便捷的方式。其次,农村合作金融具有信息对称的优势。成员之间具有地缘、血缘和业缘优势,相互之间比较了解,信息透明。相对于外部正规金融机构,农村合作金融信息收集和风险评估成本大幅度降低。再次,农村合作金融违约风险小。由于农村合作金融利用了农村熟人社会的独特性,成员借贷违约不仅要承担经济风险,更要承担社会成本,大大提高了成员的违约成本,因而违约风险相对较低。在当前我国农民的农地、宅基地和建设用地都难以抵押的背景下,农村合作金融通过熟人社会的特点降低了自身的风险。最后,农村合作金融运行成本低。现有合作金融服务大多数由合作社理事长兼职负责,管理运行成本低,适合农村金融规模小、收益低的特点,为其向成员提供资金融通服务带来了极大的便利条件。

7.促进农村专业化合作组织的发展

2007年《中华人民共和国农民专业合作社法》实施以后,农民专业合作社如雨后春笋般涌现。农民专业合作社对于解决小农户与大市场的矛盾,提高农户市场竞争力,实现农业产业化经营具有非常重要的意义。农村金融是农村经济的核心,农村合作经济的发展需要农村合作金融的支撑。国际农民合作社的实践经验表明,离开相应的合作金融制度支持,合作经济便寸步难行。没有农村资金互助社的支持,农民专业合作社就如无源之水、无本之木,其发展将会举步维艰。

8.推动乡村集体经济发展和乡村产业振兴

基层党组织可以引领党员和新乡贤推动建设村社农民资金互助合作社,建立和农民群众之间的利益联结共同体,密切党群关系,推动乡村集体经济发展和乡村产业振兴,提升入社农民收入。农民问题是"三农"问题的核心,在推动乡村振兴战略中,要充分发挥农民的主体作用,尊重农民意愿,调动农民积极性。乡村的全面复兴,其基础是乡村的产业振兴。微型金融机构在进行信贷服务的过程中,会主动发现和扶持那些当地的优势产业和特色产业,对有企业家精神的农民和微型企业进行支持,从而在培植产业链、振兴农村产业、挖掘农村产业潜力方面起到明显的积极作用。另外,乡村振兴迫切需要填补农村基础设施建设和农村公路、水利设施建设和对农村贫困人群、残疾、老年群体提供支持的金融服务基础设施等公共服务的缺陷。补齐这些短板需要大量投资需求。一方面,要发挥国家财政的积极作用;另一方面,有必要完善政策保障体系,通过政府与社会资本的配合,通过金融手段带动更多的社会资本投资。

二、正规农村资金互助社

(一)正规农村资金互助社的发展现状

1.正规资金互助社前期业务发展缓慢

正规农村资金互助社的发展并不尽如人意。《新型农村金融机构2009年—2011年工作安排》中计划,在全国35个省市要设立1294家新型农村金融机构(村镇银行1027家,贷款公司106家,农村资金互助社161家)。然而至2012年年底,也仅有49家获得了金融许可证。之后,银保监会基于控制金融风险的考虑,开始暂缓审批农村资金互助社牌照,因此至今未有新的正规资金互助社成立,仍旧尚未完成原计划的三分之一。这一类农村资金互助社成立的门槛要求比较高,而且银保监会对其监管也比较严格,所以农村资金互助社的发展势头不是很快。

从2007年到2008年中国人民银行、银保监会先后发布了《农村资金互助社组建审批工作指引》《农村资金互助社管理暂行规定》来明确农村资金互助社的组建、开业程序和信贷核算业务以及风险管理规定。2009—2011年国务院等有关部门相继出台了《关于鼓励和引导民间投资健康发展的若干意见》《关于做好农民专业合作社金融服务工作的意见》《关于全面做好农村金融服务工作的通知》和《关于鼓励和引导民间资本进入银行业的实施意见》,对互助社的资金使用规范性进行了具体约定,并鼓励村镇和城商行等金融机构吸纳民间资金以改善金融支持能力。

2007年全国成立的农村资金互助社只有8家,而2008年更是创造了新低,只有两家获得银保监会的审批。这主要是因为农村资金互助社刚作为银行业会监管对象,新兴的农村资金互助社刚投入运营,经营前景并不明朗,各地银保监会对于农村资金互助社的成立保持着一个谨慎的态度,所以批准的数量比较少。但在经过了前期的试点之后,从2009年开始农村资金互助社的数量开始增加,并在2010年达到了峰值,增加数量为22家。从2011年以后银保监会逐渐放缓了对农村资金互助社的审批工作,从2013年到2020年更是没有批准一家农村资金互助社,相反,农村资金互助社的数量在逐年减少。如表4-2所示。

表4-2 正规农村资金互助社的数量变动情况

年份	2007	2008	2009	2010	2011	2012	2013	2014	2015	2016	2017	2018	2019	2020	合计
新增数量	8	2	6	22	8	3	0	0	−1	0	0	−3	−1	−3	41

百信农村资金互助社是我国首个获得金融许可证的农村资金互助社,2007年3月9日开始对外经营。2013年前,农村资金互助社经营规模和社员人数小幅增加,并逐渐成为全国农村资金互助社发展的典范。但自2013年以后,农村资金互助社的发展处于停滞状态,很多资金互助社甚至出现关闭状态。全国资金互助社的数量逐年减少,截至2020年年底,全国范围内经银保监会批准的农村资金互助社仅有41家,分别分布在全国16个省区。

2.正规资金互助社发展陷入停滞

获得银保监会批准、具有金融许可证的农村资金互助社主要分布在吉林、山西、四川、浙江等地,大部分省份仅有一家,自2013年后因各地借由资金互助社之名频发非法集资跑路事件,至今没有再发放该类金融许可证。

2014年国家一号文件对于资金互助社的合法边界提供了五条标准,即坚持社员制,资金互助社的资金来源和服务对象,都是合作社社员;封闭性原则,作为一种金融活动,不对外开放;不对外吸储放贷,使得资金在合作社内部封闭运行;不支付固定回报,不能以承诺高息的方式吸收存款;社区性,政策鼓励和推动社区性农民资金互助组织的发展。这类组织发展后期受监管、政府等力量介入干预,农户认知度不高、民主参与管理不够,发展缓慢。

农村资金互助社属于微型金融组织,主要是为了弥补经济欠发达地区的金融空白,是典型的草根金融。但银保监会的监管规定主要参照银行业的标准,忽视了农村资金互助社自身的特性,导致经营成本偏高、业务发展停滞。据调查,目前正规的农村资金互助社,其生存状态可分为三类:一类达到了监管标准,但却无法开展任何业务,因此处于冬眠状态;一类在社员内部拥有大量资金需求但却没有充足的资金供给,处于半饥饿状态;最后一类处于资金供求平衡的温饱状态,但数量最少。

早先成立的一些农村资金互助社如岷县洮珠村岷鑫资金互助社、黔江区城东诚信资金互助社、肇州县二井镇兴隆资金互助社、龙山镇西门外村伏龙资金互助社、通辽市辽河镇融达资金互助社等互助社目前已经停止了运营。

(二)正规农村资金互助社发展存在的问题

农村资金互助社作为我国农村的社会企业,合法身份缺失、准入通道关闭,已经成立但未获得银保监会审批的农村资金互助社长期游离于法律监管之外,现存的农村资金互助社治理结构不完善且内部治理混乱,融资难度大以及退出制度不完善,使得农村资金互助社很难健康平稳运行。

1.合法身份缺失且准入通道关闭

农村资金互助社取得合法身份的前提是经银保监会审批后取得金融许可证,但目前银保监会已暂停对农村资金互助社金融许可证的发放,关闭了农村资金互助社的准入通道,导致一部分想成立农村资金互助社的农民愿望落空,而已成立但尚未取得金融许可证的农村资金互助社面临"不合法地位"的尴尬处境,直接切断了农村资金互助社的可持续发展道路。截至2020年12月31日,我国现存的农村资金互助社中仅41家按照法定程序取得了金融许可证,大量未取得金融许可证的农村资金互助社游离于监管机构的监管之外,一旦发生金融风险,以农民为主的债权人权益将得不到保障。

2.农村资金互助社治理不规范

(1)治理结构不完善

农村资金互助社社员大会流于形式,实际控制权由大股东社员所掌握,小股东社员的权利得不到保障,致使农村资金互助社奉行的社员民主管理的宗旨落空。加之农村是熟人社会,管理人员运营能力不足,缺乏相关的金融理论知识和实践管理经验,对互助金的审批和发放流程不符合规定,违规操作现象时有发生。

(2)内部监管不严格

农村资金互助社内部监管人员的监管意识淡泊,对内部信息掌握不充分,实际监管流于表面。监事会形同虚设,缺乏对经营管理活动的控制。这样不仅损害了社员的利益,同时也加大了农村资金互助社的经营风险。

(3)外部审计监督缺失

政府监管和外部审计部门的监管缺失使农村资金互助社得不到健康平稳运行的发展,单纯依靠内部监事会的监督不足以稳固其运行风险,从而使农村资金互助社的发展陷入困境。

3.农村资金互助社融资难度大

农村资金互助社所面临的融资困境受多方面因素的综合影响。农村资金互助社发展起步晚、资金存储量小、存贷款利率优势不明显、对社员身份进行限定、吸储能力弱等因素加大了融资难度的同时,也使农村资金互助社沦为农村金融市场的弱者,多方因素的共同作用下极易引发金融风险。

(1) 吸引存款对象有限

农村资金互助社的资金主要来源于社员入社时所缴纳的股金,且只能以货币作为唯一的出资方式,社会捐赠和其他银行机构融资作为次要来源,这直接限定了农村资金互助社的融资方式和融资对象。

(2) 互助金金额小

由于社员多为农户和农村小微企业,且我国农村经济水平总体不高,社员收入无法与城市居民相比,可利用的存款有限,因此增大了农村资金互助社的融资难度。

(3) 存贷款利率吸引力低

存贷款利率的高低对农村资金互助社与农村信用社、村镇银行争夺存款资金有着重要影响。农民更看重加入资金互助社后所投入资金的回报,存款利率的高低不仅影响农民入社的积极性,也影响着农村资金互助社吸收存款的总量。此外,许多社员加入资金互助社更多是为了方便获得借贷资金,贷款利率的高低也是农民优先考虑的问题,农民更偏向于选择贷款利率低的金融机构,以减轻自己的还贷压力。

(4) 政府扶持力度不足

农村资金互助社作为我国新型农村金融机构,其服务"三农"市场定位成为我国在脱贫攻坚和乡村振兴道路上的坚固后盾,但其自身抗风险能力差,在缺少政府相关补贴及税收优惠的情况下发展困难。

4.农村资金互助社退出机制不完善

农村资金互助社退出机制不健全不仅指农村资金互助社退出市场风险大、退出规定不具体,还包含社员的退出限制严格及退出手续复杂。

(1) 退出标准高

《农村资金互助社暂行管理规定》(以下简称《管理规定》)中要求社员退社必须提前申请,在符合互助社当年盈利、退股后不降低资本充足率标准且自身没有未偿还贷款的条件下经批准后退社。农村资金互助社是遵循社员自愿原则入股成立,但有关社员退出规定却限制较多。社员退出农村资金互助社不仅需要提前6个月提出申请,还要在互助社当年盈利且资本充足率高于8%的前提下才能办理退股,而退出申请能否得到批准无从可知。实践中,社员要求退股多半因为资金互助社营利情况不佳甚至出现亏损。对社员退社的严格限制不仅会损害社员利益,还可能危及社员入股资金的安全。

(2) 退出方式不明

农村资金互助社市场退出和社员权益紧密相关,但《管理规定》仅在农村资金互助社的合并、分立、解散和清算方面做了简单规定,并未详细规定退出后的情形。从2019年年初到2020年年末,全国农村资金互助社数量由45家缩减到41家,其中通辽市辽河镇融达农村资金互助社、林甸县宏伟乡誉兴农村资金互助社、沂水县姚店子镇聚福源农村资金互助社以及称多县清水河镇农村资金互助社相继退出农村金融市场,截至2020年12月31日,现存的正规农村资金互助社仅剩41家。现实中互助社应采取哪种方式退出金融市场能最大程度地减小社员的损失,如何用法律来保障农村资金互助社退出金融市场、维护农村金融市场稳定及保护利益相关人的权益都是当前值得研究和重视的问题。

(3) 退出风险大

农村资金互助社社员大多是经济状况不太好的农民,希望通过出资入社以便于日后生产生活借贷,但不明确的互助社退出规定可能导致农民资金有去无回,使原本处于经济弱势的农民雪上加霜,增加了社会不稳定因素。因此,农村资金互助社退出会引发的社会问题值得我们重视。

(三)正规农村资金互助社的案例分析

1.案例背景

安阳县隶属于河南省安阳市,总面积为1201平方千米。安阳县拥有12个镇、6个乡、182个村。截至2020年,安阳县户籍总人口数量达到98.42万人,其中农业人口数达到了60.17万。安阳县黄口村惠民农村资金互助合作社、安阳县柏庄镇四方农村资金互助合作社均成立于2010年,银保监会正式批准成立,属于新型社区性互助金融机构,坚持社员制、封闭性的原则,不对外吸储放贷,社员全部为安阳县辖区内农民,社中前期资金全部来源于社员存款,发放贷款全部为社员小额种植业及养殖业贷款。

2.安阳县两个农村资金互助合作社的成立情况

开业当天,两家农村资金互助合作社共吸收207人入社,吸收股金10.85万元,吸收社员存款200多万元。两家农村资金互助合作社理事长在开业致辞上表示,农村资金互助合作社开展经营活动将严格遵守国家法律和政策,坚持按章办社、民主办社和勤俭办社。以服务社员为宗旨,追求社员共同利益,变革信贷模式,打造安全高效的金融制度。在保持各社独立核算、自主经营的条件下,探索发展联合组织以提高市场合作能力和竞争能力。

表4-3 安阳县两个农村资金互助合作社成立初期的基本情况

合作社名称	安阳县黄口村惠民农村资金互助合作社	安阳县柏庄镇四方农村资金互助合作社
成立时间	2010年3月	2010年4月
发起方式	政府带动成立	政府带动成立
注册资金(万元)	299.8	1000
社员入股(万元)	29.98	98
社员人数	18	49
提供的服务	为社员贷款	为社员贷款
农民贷款的主要用途	生产经营	生产经营

农村资金互助社是经银保监会批准,由村镇农民和农村小企业自愿入股组成,为社员提供存款、贷款和结算业务的社区互助性银行业金融机构。据了解,安阳县黄口村惠民农村资金互助合作社由18个农民发起成立,注册资本299.8万元;安阳县柏庄镇四方农村资金互助合作社由49个农民发起成立,注册资本1000万元。见表4-3。

3.农村资金互助社内部的管理与运营制度

农村资金互助社聚集农民闲散资金,又反过来满足农民的资金需求,由于社会服务性先于商业盈利性,农村资金互助社不能完全依赖"存贷利率差"来实现盈利能力的最大化,只能在维持基本平衡的基础上实现一定的盈利,而且,维持一定的盈利性是农村资金互助社生存与可持续发展的必备条件。

安阳县农村资金互助合作社内部的管理主要依靠社员自主管理、自负盈亏、自我发展,以服务社员为宗旨,谋求社员共同利益。安阳县农村资金互助合作社的运营制度宗旨是:合法经营、合规经营、审慎经营。

比如安阳县黄口村惠民农村资金互助合作社资金全部来源于社员存款,发放贷款全部为社员小额种植业及养殖业贷款;安阳县柏庄镇四方农村资金互助合作社已取得金融许可证,其内部管理和主要运作方式是依据银监部门印发的农村资金互助合作社暂行管理规定吸收管理存款,安全高效发放贷款,努力为社员提供及时便捷的服务。

4.安阳县农村资金互助社主要风险构成

(1)自然风险

由于互助社主要面向农户的农业生产经营活动,所以农业本身所具有的弱质性构成了一项不可忽视的风险,加之互助社社员主要集中在某一区域,使得自然风险造成的影响越发突出。一旦遭遇台风、洪涝等自然灾害,整片区域的农业生产经营活动都会受到冲击,对于互助社资金的收回会造成巨大的影响,在这种情况下会员可能会出现违约的情况。另外,农户需要资金弥补自然灾害所造成的损失,这也使得互助社资金需求量陡然增加,加大互助社资金的使用量。

(2)财务风险

目前,互助社的资金来源渠道尚未完成多元化建设,部分互助社只有少量存款。从农户角度来看,更多的农户加入互助社是为了获取贷款,由于其对于互助社的安全性存疑,也导致向互助社存款的意愿不高。以上两方面因素令互助社无法较好地满足会员的贷款需求。同时,互助社的盈利水平不高,依旧处于微利或亏损的状态,对互助社可持续发展造成了阻碍。但最为重要的是互助社的贷款利率水平普遍偏高,导致农户还款压力增大与贷款意愿下降,使得坏账出现的可能性更高,进一步减弱了互助社的盈利水平。正是因为以上原因,使得互助社的经营规模构成了风险的一部分。互助社的经营规模越大,对应的互助金发放额与互助金余额也就越大,其一般有针对社员的利率优惠条款,使得这一部分互助社跳出了"利率高—盈利水平低—利率更高"的恶性循环。

(3)内控风险

农村资金互助社对于会员的吸纳政策存在一定的差异,其吸纳入会的会员层次也有一定的差别,如果无法提高资金互助社的入会门槛,将导致互助社面临风险的可能性更大。同时,专业从业者数量较少的现实情况普遍存在于互助社内部,使得互助社针对专业业务的了解不深,甚至是完全不懂,进而导致其无法针对业务进行更好的管理与规范。更为重要的是股东之间的差别,互助社现行的一般是入股制,但其入股金额存在较大的差距,最大、最小股东之间入会资金的相差倍数最大达到了1万倍,这就使得大股东由于自身主观因素而影响组织正常运转的可能性增大。

(4)信用风险

从资金互助社的整体情况来看,信用风险依旧是其一大风险,会员的违约行为仍在一定范围内存在,其信用风险的某些特征与其他金融组织的信用风险具有一定共性。另外,农村资金互助社的信用风险与其他金融组织的信用风险存在一定的区别,这样的区别导致农村资金互助社的信用风险存在其特殊性。农村资金互助社碍于其规模较小,无法深入了解贷款人信息,导致信息不对称的问题被放大,使得农村资金互助社获得准确、真实的贷款人信息的难度加大。同时,由于农村资金互助社贷款业务范围限于农业生产经营,但贷款人出于获取更高利润的目的,很可能挪用贷款从事其他高利润、高风险行业。

5.安阳县农村资金互助合作社取得的收益

(1)有效缓解农民资金需求

农村资金互助合作社的建立,有效解决了农民小额贷款难题,满足了农民农业生产生活的资金需求,也在一定程度上保证了国家扶贫资金的安全。所以,农村资金互助合作社的成立,在缓解了农村金融供给不足的同时,还创新了财政扶贫的开发机制,为运营扶贫资金提供了安全、有效的新方法,提高了扶贫资金的使用效率,真正实现了国家扶贫资金惠及百姓的初衷。

(2)贷款回收率高

有研究调研了近五年来安阳县黄口村惠民农村资金互助合作社和安阳县柏庄镇四方农村资金互助合作社的贷款回收率后发现,两个互助合作社近8年来的贷款回收率均控制在80%以上,从侧面反映出合作社的资金运行状态良好、内部管理规范、惠农服务到位。见表4-4。

表4-4 安阳县3个农村资金互助社近8年的贷款回收率

年份	安阳县黄口村惠民农村资金互助合作社	安阳县柏庄镇四方农村资金互助合作社
2013	84.52%	86.78%
2014	92.24%	95.32%
2015	90.85%	86.25%
2016	91.13%	94.26%
2017	96.65%	91.52%
2018	87.26%	94.26%
2019	95.48%	96.21%
2020	92.54%	92.15%

资料来源:根据调研数据整理。

(3)社会效益好

随着农村资金互助合作社的不断发展,农民的参与热情不断高涨,从2013年到2020年,合作社的贷款数目逐年增多,由表4-4可知,目前安阳县2个农村资金互助合作社贷款回收率保持高位稳定,正是说明了由于互助合作社的不断完善与发展使得安阳县农业经济发展呈现着良好的态势。因此,在安阳县的农村资金互助合作社发展过程中我们要不断完善管理机制,拓宽合作渠道,争取更多的农民参与进来,实现经济效益和社会效益双赢。

(四)正规农村资金互助社发展的对策建议

1.完善有关法律法规

(1)明确农村资金互助社的法律地位

农村资金互助社准入制度的完善应当以满足农民资金需求为宗旨,通过制定合作金融法来放宽市场准入条件,取消金融许可证对农村资金互助社合法地位的限制,明确未取得金融许可证而长期游离于国家政策法律之外的农村资金互助社的法律身份,引导农村金融机构提供有效供给。合作金融法的出台不仅能满足农村资金互助社发展需要,还能有效监督互助社的发展,以管制性规则与促进性规则的统一来构建适宜的农村金融机构准入环境。

(2)放宽农村资金互助社的准入条件

按照目前《管理规定》要求,农村资金互助社登记之前必须满足两个条件,即经银保监会的批准和持有金融业务许可证。由此可知,农村资金互助社采用核准主义设立的方式已经无法满足农村金融市场对其发展的需求,为进一步放活农村金融市场,激发农民设立农村资金互助社的热情,应采取准则设立的方式去鼓励引导农民参与到农村资金互助社中以达成服务社员的目的。

2.完善农村资金互助社治理机制

完善的内部治理结构和有效的外部监管机制是农村资金互助社健康平稳运行的保障,因此,应从规范内部治理和健全外部监管两方面促进农村资金合作社的发展。

(1)规范内部治理

实践中,农村资金互助社为了降低管理成本,审批和放贷权力常掌握在一人手中,因其无法保持客观中立立场导致违规操作现象严重。另外,监事会工作人员多半是农民,受教育程度低,缺少相关金融理论知识和风险防范意识,严重影响监督职能的发挥。我们应对社员进行文化培训,补足理论不足,强化其风险意识来降低风险。除此之外,还应明确监管主体的责任,使内部能够得到有序治理、借贷流程得以规范,对不履行职责的工作人员加大处罚力度,加大违规操作成本。

首先,要加强内部民主管理,完善法人治理结构。在权力机关、运行机关及监管机关间营造相互制约氛围,社员大会、理事和监事各司其职,坚持为社员服务的原则。其次,要保障社员的权利。通过强化社员主人翁意识,监督机构运行过程是否合法有序,行使表决权参与重要事情决策,也对互助社的运营起到监督作用。最后,要加强内部监督约束作用。内部监督关乎农村资金互助社的生存与发展,在强化对互助金资金用途监管的同时明确监管主体不履行监管责任的后果,优化监事会人员构成。

(2)健全外部监管

首先,应建立外部审计制度。农村资金互助社应加强同外部会计事务所或相关审计机构的合作,定期进行外部审计监督,由外部审计向监事会和有关政府监管机构报告并负责,并向社员报告审计结果。其次,要明确政府监管职责。加强政府在农村资金互助社运营全过程的监管,切实保障农村资金互助社健康运营,维护农村金融市场安全。最后,要加强信息公开、透明化程度,保障社员知情权,帮助社员掌握互助社运行现状。

3.拓宽农村资金互助社融资渠道

(1)放宽融资渠道限制

积极吸收符合成员标准的人入社,增大互助金容量,放宽资金互助社对社员入社身份的限制,吸收信用良好的个人或社会企业入社,对其享有的社员权利不因资本数较多而优待。同时,加强同其他商业银行、政策性银行合作,探索多种融资渠道。

(2)增强存贷款吸引力

只有适当提高存款利率,才能有效吸引农民的闲散资金入社,从而扩大其资金存储量,增强资金吸收能力,提高其行业竞争优势。与此同时,应合理设定贷款利率,尽量降低贷款利率。

(3)加大政府扶持力度

政府应加大政策扶持力度,给予农村资金互助社贴息、农业贷款保险等具体政策支持。同时,政府应在税收方面给予资金互助社优惠,减少其运行成本。

4.畅通农村资金互助社退出机制

针对目前农村资金互助社退出市场方式不明、社员退出标准高、退出风险大等问题,需通过统一市场退出标准、构建农村资金互助社破产制度、创建存款保险制度、建立国家紧急救援机制等措施保障农村资金互助社有序市场退出,维护金融市场平稳运行。

(1)统一退出市场标准

对负债率高、明显缺乏清偿能力或自身盈利能力弱、存在呆账坏账的农村资金互助社可判定其退出市场。尊重社员的退社意愿,在退社不明显影响农村资金互助社正常运营的前提下,简化社员退出手续。对于大股份社员退社时应采取内部社员吸收股份或外部符合社员资格的人通过购买股份方式取代原社员的位置。

(2)完善存款保险与破产制度

存款保险制度是农村资金互助社运营困难,出现资金回笼障碍而无法支付到期债务时,由投保机构代为支付以保护农民权益的制度安排。对经营能力弱、负债率高、抗风险能力弱的互助社应采取破产方式退出市场,结合公司法的破产规定和资金互助社自身特性来构建农村资金互助社破产制度。

(3)构建国家紧急救援机制

在农村资金互助社退出市场过程中,政府应作为监督者、引导者、服务者及规范者来取代政府对互助社退出市场的直接干预。建立符合市场规律的退出方式,对短期资金困难但运营情况好的农村资金互助社提供国家资金援助,从而降低退出风险。

三、农民合作社内的信用合作

(一)农民合作社内信用合作的发展现状

中央高度重视农民合作社内的信用合作。2008年,党的十七届三中全会上首次提出允许有条件的农民专业合作社开展信用合作。自此以后,中央一号文件中多次提到关于农民合作社内的信用合作的具体要求,其中2014年中央一号文件首次提出"我们要依托于农民专业合作社,建立起新型农村金融合作组织"。然而2017年新修订的《中华人民共和国农民专业合作社法》中并未对信用合作进行明确的规定。也是在2017年,中央一号文件明确提出"加强农民合作社规范化建设,积极发展生产、供销、信用'三位一体'的综合合作",说明了农民合作社内的信用合作还需要长远的探索与发展。2019年出台的《关于金融服务乡村振兴的指导意见》明确要求探索新型农村合作金融发展的有效途径,稳妥开展农民合作社内部信用合作试点。同年,中央出台《关于开展农民合作社规范提升行动的若干意见》,对农民合作社章程制度、组织机构、财务管理、收益分配等方面进行严格规范,重点加强农民合作社内的信用合作的规范运行。围绕乡村振兴战略规划提出的引导农民合作金融健康有序发展,十余年来,各地依托农民合作社开展信用合作试点探索,取得了积极成效,形成了一系列典型案例和研究成果。

据统计,截至2021年4月底,全国依法登记的农民合作社达到225.9万家,成立联合社超过1.4万家。目前,全国县级以上示范社近16万家,国家示范社超过9000家。连续启动两批全国农民合作社质量提升整县推进试点。绝大部分农民合作社依托生产开展了资金互助业务。

（二）农民合作社内的信用合作发展存在的问题

虽然我国合作社的历史发展已有十余年,合作社内的信用合作也进行了多方面的探索,但由于法律的缺失与监管的缺位,目前农民合作社内的信用合作存在着内部不规范、外部环境制约等一系列问题。

1.合作社内的信用合作发展不规范

（1）违背三大原则的乱象

尽管中央文件中明确强调了"对内不对外、用于产业发展、吸股不吸储、分红不分息"的原则,但部分合作社内的信用合作仍然存在允诺较高利息、借贷对象超出社内范围等问题。有调研发现,部分合作社不仅给合作社成员发放贷款,还给不在社内的农民贷款,有些合作社甚至直接将农民的互助资金用在合作社的规模化生产项目上,还有些合作社为农民发放生活贷款或者直接进行项目投资。

（2）"冒牌"合作社非法集资

近年来,部分个人和组织假冒合作社名义开展非法集资,一些地区出现了部分个人和团体组织假冒合作社信用合作名义从事非法借贷、高息借贷的现象,甚至出现卷款"跑路"事件。这些冒牌合作社大多没有合作社法人资格,也没有产业作为依托,在章程中虽然规定只吸收合作社内部成员的股金,但在实际操作中,入社往往只是做一个简单的登记,存款人随时办理入社手续。为了吸引城乡居民存款,这些组织承诺以远高于银行存款利率的固定利息作为回报,并违规开展高利率放贷或者风险投资。

（3）专业人才缺乏

农民合作社信用合作是对农民筹资资金的合理运作,相当于金融融资活动,需要专业的金融管理人员才能规范运行。而农民合作社兴起于农村,管理者主要是农业生产大户,农业生产经销能力比较强,但文化程度普遍不高,对现代管理、财务会计、金融知识等知之甚少,对信贷风险管理控制意识不够强,过度依赖个人信誉,很难满足信用合作规范发展的需要。在调查中我们发现,大部分合作社的财务人员都不具备专业的金融知识,处理信用资金发放和收回过程中的调查、计划、决策、信息处理和风险管理等工作,主要依靠管理人员的工作经验和对农民社员的个人了解。专业人才缺乏的问题也同样存在于信用合作的监管部门,目前大部分地区信用合作试点的指导暂时由县农委负责,经管站承担主要工作,而经管部门同样缺乏金融方面的人才。

2.农民合作社内的信用合作面临外部环境制约

（1）缺乏法律保障

当前,我国尚未出台具体的法律法规,2006年颁布的《中华人民共和国农民专业合作社法》中并没有涉及农民合作社开展金融服务的内容。法律地位的缺失,导致农民合作社开展信用合作无法可依。

（2）监管部门缺失导致外部风险较大

我国农民合作社内部的信用合作发展仍处于探索阶段,身份界定尚不清晰,也没有确定的主管部门,监管处于真空状态。由于相关法律法规对于合作社内部信用合作的监管职责没有明确规定,加上我国金融管理上"谁审批谁监管"的惯例,各部门对合作社内部信用合作监管普遍缺乏积极性。

(3)没有可供参考的标准和规范模式

大部分合作社还未能以章程的形式规范信用合作的开展,即使有的合作社制定了信用合作章程,在实际操作过程中也还存在一些不规范的地方。有的合作社依靠"能人"管理,资金筹集、贷款发放、盈余分配等事项均由理事长或大股东决定,普通成员难以参与决策;有的合作社名义上限定在成员内部,但吸收社员时不设条件、不履行程序,实际上是随到随入社,使限于成员内部的要求被轻易绕过;还有部分合作社没有建立健全信用合作内部风险、坏账风险、挤兑风险等防控措施,对于风险金、备付金提取比例差异较大。

(三)农民合作社内信用合作发展的案例分析

S县A资金互助社成立于2016年5月,由当地18位村民共同发起成立,原始股金90万元,每位发起人股金5万元。截至2020年2月,S县A资金互助社资产总额383万元,负债总额228万元,社员股金78万元,存放互助金218万元,发放互助金359万元,拥有社员623人。

建社后,资金互助社全体发起人形成社员代表大会,根据"一人一票"的组织模式选出理事会、监事会和总干事。其中,社员代表大会是资金互助合作社的权力机构,兼具所有权、控制管理权和剩余索取权,一方面大量缩减了经营管理成本,同时还增强了管理的灵活性。理事会是执行机构,由理事会代表进行日常事务的经营与管理,并且对管理人员实行低报酬或无报酬制度。监事会是监督机构,对互助社的经营活动进行监督。总干事在经营过程中主要对S县A资金互助社进行专业上的指导,并且对其发展方向进行引导与监督,防止资金互助社出现"变相吸储"的偏离合作金融本质的异化风险。

之后由于业务发展所需,先后成立B、C两家资金互助社及D、E、F三家专业合作社,其中前两家资金互助社均为同S县A资金互助社一样进行民政注册的社团法人主体,后三家农民专业合作社均为合作社开展内部资金互助的试点,工商注册,这6家机构均为S县农业局主管。目前共有623名社员,采用"总社+分社"管理模式,虽然各分社单独注册,但由总社进行统一调度和管理。

治理结构如图4-2所示。

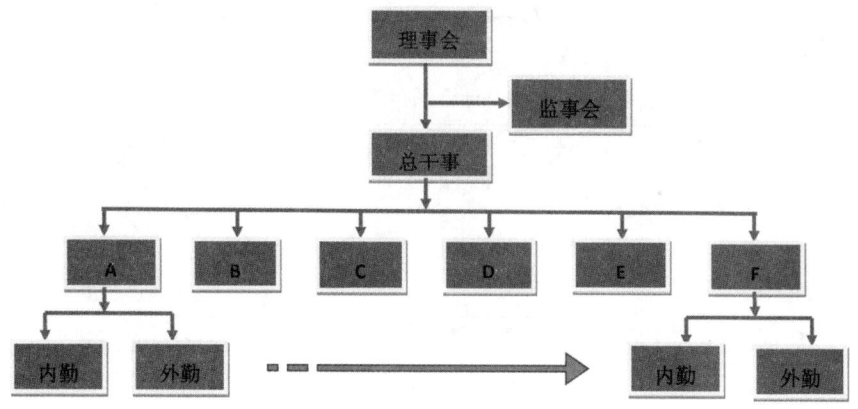

图4-2　S县A资金互助社治理结构

1.机构与业务管理

(1)机构管理

总干事为外聘,大学本科学历,2016年起加入该资金互助合作社,负责整个资金互助业务的管理,每周会对6家机构进行常规性检查,每家机构会进行月汇报工作,同时每月召集内勤开会,每三个月召集外勤开会。在人员配备方面,每家机构基本为管理层两名(一名社长,一名信贷组组长),内勤两人,负责资料录入与财务管理,外勤人员数量根据每个业务部业务量配置,基本为6~8人。目前该机构共有47名员工,其中管理岗位6名,信贷员41名。

该机构每年进行一次全体会议,补充修改业务管理大纲,并形成完善的内勤和外勤管理体系。在信息化方面,该机构采用四平市惠友软件技术有限公司出品的"农村资金互助社管理系统"进行社员股金和贷款业务管理,其中A资金互助社为总社系统,每天其余5家资金互助社会上传当天的财务数据,分社系统仅做数据收集,财务报表由总社系统输出,同时,内勤人员会进行纸质备份留档。

(2)社员管理

S县A资金互助社股金设置主要由入社社员必须缴纳的资格股(每人100元)以及投资股组成。

入社条件:具有完全民事行为能力;户口所在地或经常居住地(本地有固定住所且居住满3年)在本社所在乡镇辖区内;入社资金为自有资金且来源合法,缴纳100元以上互助金;诚实守信,信誉良好。

入社流程:提出入社书面申请—学习本社章程—入股100元及以上—领取股金证。

社员股金管理:资格股与投资股都可获得投票权,但资格股不参与分红,投资股参与分红。投资股社员入股股金分红比例相同,约为年化6%。运营原则是:入股(投资)有收益(红利),闲散资金可收益,急需贷款较容易。

(3)贷款业务管理

S县A资金互助社主要业务为存贷款以及结算,利用存贷利差来实现"微利可持续"的运营。其社员存款利率如表4-5所示,收益率较高于农村信用合作社等金融机构,对于资金互助社来说有利于汇集农村闲散资金,帮助资金互助社获得规模收益。

表4-5 社员互助金额存款预期收益分析 (单位:元)

期限 \ 机构	基准利息	互助社预期收益
三个月	56	61
六个月	112	132
一年	225	450
两年	588	1098
三年	1155	1930

产品类型:保证贷款,借款额度5000~50000元,借款利率17.34%,一次还本,利随本清,逾期加罚50%;担保贷款(担保人),借款额度50000~150000元,借款利率17.34%,一次还本,利随本清,逾期加罚50%。

业务操作:借款原则为先入社(股),后服务,严禁非社员借贷;所需证件包括社员入股凭证、结婚证与户口簿原件、身份证原件及配偶身份证原件(备注:如需担保,担保人也携带上述证件);借款比例为股一贷十;借款流程为社员填写借款申请书—寻找1~2名合作社内部人员担保—调查员调查并提出意见—理事会审批—签订借款合同—出具借据—支付互助金—跟踪互助金使用情况(备注:家庭困难社员借款7日内借款经理事会研究可以考虑免息)—回访调查;合同及凭证资料完整情况,每笔借款凭证资料包括借款申请表、客户资料复印件(入股凭证、结婚证、身份证)、贷款上报表、审查小组签名表、借款合同/担保合同、贷款发放凭证、借款收据。

而相对于农村信用社的贷款审核程序,资金互助社的借款程序要简便很多,严密合理的信贷流程,可以最大程度地降低不良贷款的发生率,提高成员贷款的及时性,更加适应农村借贷"少量且分散、高频率以及急需"的特点,为农户节省了大量的隐性成本。

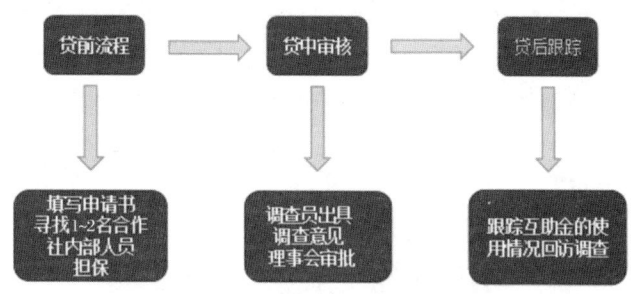

图 4-3　S 县 A 资金互助社借款流程

2.绩效评价

利用设计的指标体系与调查数据,S 县 A 资金互助社具体绩效评价指标数据计算结果见表 4-6。

表 4-6　**S 县 A 资金互助社具体绩效评价指标数据**

一级指标		二级指标	三级指标	2018 年	2019 年	2020 年
扶贫绩效	财务绩效	资产规模	规模/万元	492.23	570.45	632.57
			增长率/%	30.89%	15.89%	10.89%
		运行成本	成本/万元	26.65	30.14	32.54
			增长率/%	8.47%	13.08%	7.98%
		收益能力	资产收益率/%	5.36%	4.36%	5.56%
			权益报酬率/%	12.58%	10.33%	13.48%
		风险防控能力	贷款集中度/%	3.25%	3.23%	3.16%
			不良贷款率/%	0.00%	0.00%	0.00%
			坏账准备金率/%	2.24%	2.67%	2.24%
	社会绩效	财产性收入提高程度	年存款利率差/%	2.00%	2.10%	2.00%
			存放互助金规模/万元	289.00	158.44	312.00
			存放互助金户数/户	356.00	366.00	379.00
			股金参与规模/万元	52.08	53.36	55.06
			股金参与户数/户	435.00	474.00	489.00
		融资难改善程度	年贷款利率差/%	0.60%	0.60%	0.60%
			互助金发放规模/万元	423.46	427.56	436.56
			贷出互助金农户数量/户	112.00	113.00	122.00

根据这些数据结果,对 S 县 A 资金互助社的运行绩效进行如下评价。

(1)财务绩效评价

①资产规模有明显增大,资本充足率高

S 县 A 资金互助社 2018 年资产规模约为 492 万元,其中负债和股东权益均为 120 万元。到 2020 年年底,S 县 A 资金互助社资产规模快速增长到 632 万元,相比于 2018 年增长率高达 128%。其中互助社负债为 310 万元,股东权益达 322 万元,多达 34% 的资本充足率也为 S 县 A 资金互助社继续吸收资金与扩大经营规模提供了较好的资本保障。

②运行成本在可控范围内

在摊销咨询费用、租赁费用和开办费用后,S 县 A 资金互助社 2018 年 1 月至 12 月运行成本约为 26 万元,其中财务费用忽略不计,管理费用约为 18 万元,资产减值损失准备金约为 8 万元。2020 年 S 县 A 资金互助社运行成本约为 32 万元,同比 2018 年增长了 23.1%,其中财务费用和资产减值损失准备金变化较小,维持在 9 万元左右,管理费用约为 23 万元。S 县 A 资金互助社管理成本总体随资产规模的扩大而增加,但相对于资产规模的增加,仍维持在合理的可控范围内。

③收益能力正在增强

S 县 A 资金互助社的净利润为利息收入与利息支出和各项费用之差,"存贷差"是资金互助社收入的主要来源,扣除各项费用后即为净利润。2018 年 S 县 A 资金互助社转变亏损状态,实现净利润约为 26 万元,资产收益率为 5.36%,权益报酬率为 12.58%。2020 年 S 县 A 资金互助社保持盈利,实现净利润约为 32 万元,资产收益率为 5.56%,权益报酬率为 13.48%。用资产收益率和权益报酬率作为收益能力指标,可以直接体现农村资金互助社的运营效益和成员的收益水平。收益能力指标数额越大,表明农村资金互助社的运营效益越好、成员的收益水平越高。S 县 A 资金互助社快速扭亏为盈并实现较高的资产收益率和权益报酬率,表明 S 县 A 资金互助社具有良好的收益能力。

④有一定的风险防控能力

在贷款集中度方面,S 县 A 资金互助社对同一社员发放互助金最大的金额严格限定为 5 万元,且采用"股一贷十"的方法,即入股股金至少为贷出金额的 1/10。2018 年 S 县 A 资金互助社的贷款集中度为 3.25%,随着净资本的增加,2020 年进一步下降为 3.16%,贷款集中度较低。在不良贷款率方面,S 县 A 资金互助社基于当地熟人社区和民风民俗约束的优势,至成立以来还未出现不良贷款的情况,不良贷款率为零。除了信用风险防控得当,操作风险、市场风险等还未出现,整体风控处于良好状态。

(2)社会绩效评价

①财产性收入明显提高

从存放互助金的规模和户数来看,S 县 A 资金互助社成员 2018 年存放互助金约为 289 万元,存放互助金的农户数量为 356 户;2018 年存放互助金约为 312 万元,存放互助金的农户数量为 379 户。从股金参与的规模和户数来看,S 县 A 资金互助社成员 2018 年股金约为 52 万元,参与户数为 435 户;2020 年股金约为 55 万元,参与户数为 489 户。财产性收入提高程度在很大程度上反映农村资金互助社的减贫扶贫服务能力。用存放互助金规模及参与农户数量、股金规模及参与农户数量作为财产性收入提高程度指标,发现存放互助金规模越大、参与户数越多,股金参与规模越大、参与户数越多,社员财产性收入提高程度越大。从 2018 年到

2020年,S县A资金互助社成员获得的互助金利息和股金红利总额由11万元增加到16万元,成员财产性收入明显提高。

②融资难题得到改善

2018年,S县A资金互助社发放互助金数额达423.46万元,惠及农户数量为112户;2020年,S县A资金互助社发放互助金数额达436.56万元,惠及农户数量为122户。用互助金发放规模和贷出互助金农户数量作为融资难题改善程度指标,发现互助金发放规模越大,贷出互助金农户数量越多,社员融资难改善程度越大。截至2020年年底,累计发放互助金数额达1700万元,惠及农户数量达486户次,有效满足当地农户的融资需求,农户融资难题得到改善。截至2020年年底,S县A资金互助社共成立50多家农民专业合作社和家庭农场,线上线下农产品销售额超过3000万元,金融供给的增加有效促进了当地产业发展和农户生活水平提高。

综上所述,S县A资金互助社具有良好的运行绩效。资金互助社的财务绩效主要为发起人和社员带来收益,有力支持了资金互助社的可持续发展;社会绩效为社员带来了客观的收益,有效推进减贫扶贫工作,促进当地金融发展和社会进步。自2016年S县A资金互助社成立以来,其良好的财务绩效和社会绩效提高了全体社员的收入,促进了当地产业合作、供销合作,提高了当地农户的生活质量。2016年S县A乡建档立卡贫困户为302户697人,2016年减少至161户375人,2017年进一步减少至97户210人,2018年年底全部贫困户实现脱贫,扶贫工作效果明显。

(四)农民合作社内信用合作发展的对策建议

1.坚持服务"三农"的政策导向

严格界定合作范围,坚持社员制、封闭性原则和服务"三农"导向。一是赋予合作社开展信用合作的法律地位。加快农村金融立法进程,明确农民合作社开展信用合作的法律地位。二是强化地方政府的监管责任。围绕当前构建"中央＋地方"双层金融监管体制的制度设计,应尽快将信用合作业务和组织纳入地方政府金融监管范围。当前,在法律层面尚没有确定监管主体的情况下,从维护地方金融秩序的角度,省政府层面应负监管责任,并加快出台指导意见,明确合作社信用合作的主管部门、业务范围及监管职责。三是落实农业部门的工作职责。各级农业部门要全面掌握合作社信用合作情况,并将合作社开展信用合作的监测与农民合作社内信用合作发展的案例分析发展纳入全国农民合作社发展部际联席会议的例行日程,落实主体责任和联合工作机制;要积极扶持开展信用合作较为规范的合作社,责令开展不规范的合作社进行改正,并及时通知地方金融监管部门;鼓励农业保险、互联网金融等与合作社信用合作联系对接,化解合作风险。

2.强化对信用合作不同发展模式的分类指导

针对信用合作不同发展形态,应给予不同的政策指引。第一,积极推广外置式资金互助。依托社区或产业的担保互助形式,其目的是获得银行的信贷支持。通过这种创新的资金互助形式,建立联合担保机制,可以有效防控风险,解决农民抵押物缺失难题,应大力支持和积极推广。第二,规范发展内置式信用互助。内置式信用互助是真正意义上的信用合作,要坚持封闭、为农、互助等原则,实现规范发展。第三,严格管理龙头企业或种养大户主导的混合式信用合作。为避免在"农民专业合作社＋公司＋农户"模式下龙头企业对专业合作社的实际控制,应按照《中华人民共和国农民专业合作社法》建立和完善内部治理结构,尤其是做实生产经营中"一人一票"的民主决策机制和以交易量为主的盈余分配机制,切实保护普通社员的利益。第四,及时关闭"山寨银行"。地方政府要组织力量尽快查处对外吸储或高息放贷的资金互助组织,防范声誉风险,维护好地方金融稳定。

3. 妥善处理风险防控和内在活力的关系

农村资金互助合作试点严格遵守合作金融的基本原则平稳有序开展,有效确保了试点工作严格按照合作金融的原则规范进行,不仅较好地实现了农村资金互助合作的目标,而且有效防止了互助资金被挪作他用等情况,防范了资金风险的发生。目前,试点地区只有少数合作社开展了农村资金互助合作试点,还需要加快试点推进速度,加大制度创新力度,丰富试点模式,提供更多可复制、可推广的经验。调研发现一些地方开展信用合作试点过于强调风险防控,信用合作规模较小,经验模式复制推广性不强。因此,在推进信用合作中,既要重视风险防控,也要注重实践需求,妥善处理风险控制和内在活力的关系。不能重需求轻风险,过于轻视风险管理,将导致信用合作无法持续发展,容易引发金融风险;也不能重风险轻需求,过于强调风险管控,将导致内部信用合作失去了自身的优势,从而难以发挥其应有的作用。

4. 进一步规范信用合作管理

一是要加强民主管理。要建立健全互助资金发放的民主决策机制,确保公开透明,建立公示制度,发挥社员的民主监督作用。要破除能人和大户控制,建立民主的集体决策机制,对社员信用进行科学合理的评定,并根据信用评级结果确定互助金发放额度。二是优化地方政府监管机制。加快建立专门的监管机构,提高人员专业监管能力和水平。明确政策门槛,实施非审慎监管和过程监管,同时强调内外部监管相结合,通过引入银行,实现"票据的合法性、人才的专业性、风险的敏感性"。三是扩大互助资金来源。目前,互助资金主要来源于社员自有资金。如果将互助资金来源限制于社员内部,资金互助规模就无法做大,可能导致互助资金长期短缺的现象,造成"旺季互助资金短缺、淡季互助资金过剩"。因此,要充分发挥合作社的组织优势、信用优势和数据优势,与当地正规金融机构开展合作,引入外部资金(对社员提供批量化、线上化融资服务),克服互助资金季节性集中使用问题。四是允许对互助资金支付利息。信用合作的基础股金或社员股金类似于《中华人民共和国公司法》中的"股份",按其本质可分红而不支付固定回报。但对于互助金,如不支付固定回报将面临资金"用脚投票",信用合作将无法运转。因此,建议允许事先对吸收的互助资金支付利息,但应对利息水平进行适当的限制,以略高于当地正规金融机构同期限利率为宜,以免社员将互助资金作为投资的一种手段。五是进一步规范盈余分配机制。围绕实现资金互助合作目标,平衡好互助金供求方、股本金缴纳者三方的利益,充分考虑借用互助资金的社员的利益,这部分社员应该通过一定方式参与盈余分配。

5. 切实防控信用合作风险

一是完善账户管理制度。合作社和信用合作业务的对公账户应区分开,进一步规范资金分账管理,对公账户和社员个人账户应建在同一金融机构,以便对社员借款后的资金用途以及资金流水进行监管。同时,也为金融机构依托大数据服务农民合作社奠定基础。二是建立行之有效和风险可控的信用贷款机制。在"熟人社会"内生的资金互助的基础上,引入合理的抵押担保机制,可以更好地维护互助资金安全。三是鼓励合作社内部资金互助部门与正规金融机构之间进行有效对接,避免资金空置与不足的风险。建立资金互助组织与银行之间的合作关系,以正规金融机构的富余资金,弥补农民资金互助社的资金不足,解决农民季节性的资金需求;同时将农民资金互助社季节性的富余资金存放于正规金融机构,以增进农民资金互助社的利益。四是发挥大数据在评定社员信用评级中的积极作用。目前对社员进行信用等级评定更多是依据日常观察积累的"软信息",缺乏涉农大数据的支撑和交叉验证,难以预防主观偏好和道德风险所产生的不良影响。要依托农民合作社探索建立社员电子信用档案以及社员与农民合作社之间的生产交易信息系统,利用大数据对社员进行信用评级,必要时可引入地方政府、专业化市场组织等提供数据信息方面的服务,促进农村地区信息、信用、信贷联动。五是依托保险实现风险分散。一方面,利用农业保险可以锁定风险并实现转嫁,降低自然灾害对农户生产经营的影响,促进农民专业合作社持续稳健发展;另一方面,借用互助资金的社员应购买人身保险,防止人身意外伤害导致资金无法偿还。此外,还应发挥财政资金的杠杆作用,加大对社员购买保险的资金补偿力度。

四、贫困村级资金互助社

(一)贫困村级资金互助社的发展现状

1990年以来,中国农村金融体制改革快速推进,逐步建立了商业银行和政策银行等多主体的农村正规金融体系,但此类机构在农村地区的金融供给十分有限(何广文,2007),巨大的金融需求未能有效供给,由此导致大量非正规金融组织应运而生。其中,以成员为基础的资金互助是一种常见的非正规金融组织,通过内部成员间资金的流转,能够降低融资成本,具有信息担保等优势,能有效缓解组织中低收入家庭的融资约束,具有较强益贫性特征。

2004年至2006年年底,在吉林、山东、河南、安徽等地相继出现了各类资金互助合作社。2006年中央一号文件首次明确提出"引导发展生产互助资金",并特别提出,要引导农户发展生产互助资金。同年5月,国务院扶贫办、财政部在总结安徽省霍山县中荷扶贫社区基金和四川省仪陇县扶贫互助社实践经验的基础上,在全国14个省、100个村开展了"贫困村村级发展互助资金"试点工作,探索财政扶贫资金使用管理和农村微型金融发展的新机制和新模式,先后出台了《关于进一步做好贫困村互助资金试点工作的指导意见》(国开办发2009年103号文)、《贫困村互助资金操作指南》对试点工作进行规范,明确了互助资金规范运行的四项原则是"入社自愿、民主管理、服务社员、风险共担",四条不可逾越的红线是"不吸纳存款、不对外放贷、不支付固定回报、不跨区经营和不超规模发展"。试点工作取得了重大成效,截至2014年年底,全国累计有1284个县、2.17万个村开展了贫困村互助资金试点,互助资金总额达到60.55亿元(其中中央财政19.10亿元,省级财政24.36亿元,农户缴纳互助金9.09亿元,其他资金8亿元);累计入社农户198.7万户,其中贫困户99.2万户;累计发放借款115.38亿元,其中贫困户累计借款71.79亿元;累计逾期金额1.57亿元,损失金额0.14亿元,损失率仅为0.08%,显示贫困村互助资金整体风险控制做得非常好(龙超、叶小娇2019)。

十八大以来,党和政府把扶贫工作提升到一个新的高度,习近平同志对扶贫工作高度重视,在多次讲话中强调扶贫开发的战略重要性。从2012年党的十八大到2017年十九大这五年以来,我国脱贫攻坚力度之强、规模之广、影响之深、成效之大,前所未有。这五年,脱贫攻坚迅猛推进,全面建立脱贫攻坚制度体系,建档立卡摸准贫困底数,百万干部驻村帮扶,并实行最严格的考核制度,5500多万贫困人口摆脱世代贫困奔赴小康之路。为贯彻中央脱贫攻坚决策部署,支持各地克服新冠肺炎疫情影响,推动脱贫攻坚相关项目及早落实见效,确保如期高质量打赢脱贫攻坚战。2021年3月财政部表示,下达各地2020年中央财政专项扶贫资金260.27亿元,加上提前下达的1136.09亿元,累计下达2020年中央财政专项扶贫资金1396.36亿元。我国农村合作金融先后经历政府主导型、市场内生成长型和资金互助业务型三个发展阶段,目前还处于合作金融发展的初级阶段。而互助资金作为一种新型组织形式,符合农村市场需求,正处于成长规范阶段。

(二)贫困村级资金互助社发展存在的问题

贫困村级发展互助资金试点创新扶贫开发机制的有效尝试,是为了缓解农村发展滞后、金融产品不足、农民生产资金缺乏,制约农业、农村发展特别是贫困农户脱贫致富的突出矛盾而争取的一种特殊扶贫方式。尽管贫困村级资金互助社试点工作推进很快,但近年来贫困村级资金互助社总体运行效果远未实现预定的总体目标,具体表现在以下几个方面。

1.农民互助资金规模较小

一方面由于借款额度少,互助社社员大多只能借到很少的款项,而这些借款对满足其经济发展所起的作用微乎其微。由于资金总量有限,所需资金从事生产性活动的会员很多,有强烈的资金需求意愿,为了确保更多的入会农户享受到资金支持,互助社所贷资金每笔规模相对很小。另一方面,有一些贫困村资金互助社还款期限较短,村民难以还本付息。为了确保参加资金互助社的所有农户都能享受到资金支持,采取滚动的方式,以1年为限,如入会农户甲今年获得资金互助社的资金支持,下一年就不能再申请,入会农户乙则获得使用资金的资格。互助社资金规模的有限性在帮助贫困农户脱贫致富上受到了一定程度的制约。

2.互助资金产权制度存在缺陷

《贫困村互助资金试点操作指南》规定,"互助资金中财政扶贫资金和捐赠资金及其增值部分归所在行政村的全体村民共同所有。村民缴纳的互助金归其本人所有"。这些规定没有按照"自有、自用、自管、自享"的合作模式来设计互助资金的产权体制,没有认识到扶贫互助社产权安排的重要性。首先,作为互助资金合作组织的成员,村民原则上应该认缴基本的股金(资格股),才能取得成员资格,相应获得参与管理、优先获得服务的权利。其次,将互助资金中财政扶贫资金和捐赠资金及其增值部分归所在行政村的全体村民共同所有,而不具体量化到村民个人,事实上造成这部分资金的所有权主体的虚置。最后,村干部作为村集体的人格化代表,成为这部分占比最大的资金所有权的行使人,进而成为扶贫互助社的内部控制人,最终导致互助社的民主管理和民主控制流于形式,互助社精准扶贫的目标难于实现。

3.互助资金利益分配不合理

在国务院扶贫办与财政部联合下发的《关于进一步做好贫困村互助资金试点工作的指导意见》中,规定的收益分配原则是借款占用费(指向会员收取的贷款资金的利息)收入是唯一可供分配收益,分配的原则和顺序是:提取运行成本包括办公成本和管理人员误工补助,提取占用费的10%作为公益金,剩余的占用费全部作为公积金转入本金。这样的分配原则,完全取消了社员的分红权。作为理性的经济人,社员自然就不会把资金投向不能取得收益的地方,互助社的资金规模就不可能得到成长,互助社满足农户资金需求的能力、抗风险的能力就不可能提升。

（三）贫困村级资金互助社发展的案例分析

1.延寿县贫困村农民资金互助合作社的成立情况

延寿县是黑龙江省哈尔滨市下辖的一个县，面积约为3226平方千米，人口共计26万左右。在哈尔滨市的11个贫困村试点村中，延寿县有4个试点村，贫困村的比例较高。本报告对延河镇新发村、延河镇团山村、六团镇六团村3个贫困村的数据进行了分析。

表4-7 延寿县3个贫困村基本情况

贫困村名称	延寿县六团镇六团村	延寿县延河镇新发村	延寿县延河镇团山村	合计
农户总数	360户	230户	210户	800户
人口总数	1500人	930人	1060人	3490人
建档立卡贫困户总数	65户	63户	57户	185户
建档立卡贫困人口总数	202人	189人	110人	501人
领取低保农户数量	40户	23户	42户	105户
农民收入情况	4000元/年·人	6800元/年·人	6700元/年·人	4600元/年·人
村庄收入的主要来源	种植业（水稻）	种植业（水稻、玉米、大豆）	种植业（水稻、玉米、大豆）	—

由表4-7可知，延河镇新发村、延河镇团山村、六团镇六团村3个贫困村农户总数量分别为360户、230户、210户，共计约为800户；人口总数量分别为1500人、930人、1060人，共计约为3490人；建档立卡的贫困户总数量分别为65户、63户、57户，共计约为185户；建档立卡的贫困人口数量分别为202人、189人、110人，共计约为501人；领取低保的农户数量分别为40户、23户、42户，共计约为105户；农民收入情况分别为4000元/年·人、6800元/年·人、6700元/年·人，平均约为4600元/年·人。村庄的主要收入来源均为种植业，其中六团镇六团村的收入来源主要是种植水稻，延寿县延河镇新发村的收入来源主要是种植水稻、玉米、大豆等农作物，延寿县延河镇团山村的收入来源主要是种植水稻、玉米、大豆等农作物。

延寿县六团镇六团村互助资金协会、延寿县延河镇新发村发展生产互助资金协会、延寿县延河镇团山村互助资金生产发展协会均成立于2008年，由政府带动成立，注册资金分别为45万元、41.1万元、40万元，其中政府注资30万元，其余资金由社员入股筹得。社员人数分别为75人、73人、96人，共有社员244人，见表4-8。农民资金互助合作社的成立主要是为社员提供贷款的服务，同时延寿县六团镇六团村互助资金协会还对非社员提供资金互助业务，主要是给予孤苦老人、特困户每月100~200元的生活补助，农民贷款主要是从事农业生产，只有小部分用于子女教育、日常开销等其他支出。

表4-8 延寿县贫困村3个农民资金互助合作社的成立情况

合作社名称	延寿县六团镇六团村互助资金协会	延寿县延河镇新发村发展生产互助资金协会	延寿县延河镇团山村互助资金生产发展协会
资金互助合作社的成立时间	2008年	2008年	2008年
资金互助合作社的发起方式	政府带动成立	政府带动成立	政府带动成立

续表

合作社名称	延寿县六团镇六团村互助资金协会	延寿县延河镇新发村发展生产互助资金协会	延寿县延河镇团山村互助资金生产发展协会
资金互助合作社的注册资金	45万元	41.1万元	40万元
其中政府注资	30万元	30万元	30万元
社员入股	15万元	11.1万元	10万元
社员人数	75人	73人	96人
社员主要从事的项目	种植业	种植业	种植业、养殖业
资金互助合作社提供的服务	为社员贷款	为社员贷款	为社员贷款
农民贷款的主要用途	生产经营	生产经营	生产经营

2.延寿县贫困村农民资金互助合作社的资金组织形式

农民资金互助合作社的资金来源主要为财政资金,小部分为社员入股资金,对于社员入股有资金的限制,成员最小入股资金为1000元(1股),最高入股金额为2000元(2股),在其正常的运作当中,会将农民资金互助合作社的股份量化为个人股份,在年底会对农民资金互助合作社的收益进行分红。延寿县六团镇六团村互助资金协会按年末资金盈余对社员进行等额分红,对于特困户有特殊补助,延寿县延河镇新发村发展生产互助资金协会按年末利息收益的80%对社员进行分红,见表4-9。

表4-9 延寿县贫困村3个农民资金互助合作社的资金组织形式

合作社名称	延寿县六团镇六团村互助资金协会	延寿县延河镇新发村发展生产互助资金协会	延寿县延河镇团山村互助资金生产发展协会
资金来源	财政资金	财政资金	财政资金
最大出资社员入股	0.2万元	0.2万元	0.2万元
最小出资社员入股	0.1万元	0.1万元	0.1万元
是否量化为个人股份	是	是	是
收益是否分红	是	是(利息的80%分红,280元/股)	是

3.延寿县贫困村农民资金互助合作社的运行机制

(1)农民资金互助合作社资金的日常管理

农民资金互助合作社的管理原则为"民办、民管、民受益"。延寿县六团镇六团村互助资金协会、延寿县延河镇新发村发展生产互助资金协会、延寿县延河镇团山村互助资金生产发展协会的管理方式为村民自行管理,管理人员由村民公推直选,领取报酬的管理人员分别为4人、2人、2人,报酬分别为800～1000元/年、800/年、盈利额的5%,见表4-10。农民资金互助合作社吸纳的资金存放于信用社,拥有银行法人账户。农民资金互助合作社采用五户联保的方式对贷款资金进行担保,社员在农民资金互助合作社借款,需要有五户有一定经济实力、信誉度良好的农户联合担保,同时延寿县六团镇六团村互助资金协会、延寿县延河镇团山村互助资金生产发展协会还需用土地使用权进行抵押,延寿县延河镇新发村发展生产互助资金协会的贷款社员需用土地承包合同进行抵押。这3家农民资金互助合作社的资金回收率为100%,无呆账准备。

表4-10　延寿县贫困村3个农民资金互助合作社资金的日常管理

合作社名称	延寿县六团镇六团村互助资金协会	延寿县延河镇新发村发展生产互助资金协会	延寿县延河镇团山村互助资金生产发展协会
是否由村民进行自主管理	是	是	是
管理人员是否公推直选	是	是	是
领取报酬的管理人员数量	4人	2人	2人
管理人员报酬	800～1000元/年	800元/年	盈利额的5%
合作社的资金如何进行管理	存入信用社	存入信用社	存入信用社
是否有银行法人账户	是	是	是
合作社到期投放资金的回收率	100%	100%	100%
是否需要担保人	五户联保	五户联保	五户联保
贷款是否需要抵押	是(农地使用权)	是(农地使用权)	是(农地使用权)

(2)农民资金互助合作社的进入与退出机制

对于农民进入与退出农民资金互助合作社,是按照入社自愿与退社自由的原则进行的。农民进入农民资金互助合作社的方式为缴纳入股资金即可进入,对于贫困户进入农民资金互助合作社有增股优惠政策,对于想要退出农民资金互助合作社的社员,只要不存在对农民资金互助合作社的欠款,即可退出农民资金互助合作社。

(3)农民资金互助合作社的内部管理

延寿县六团镇六团村互助资金协会、延寿县延河镇新发村发展生产互助资金协会、延寿县延河镇团山村互助资金生产发展协会在年末都有固定的还款日期,采取有集中借还款日的制度进行借还款,还款日期分别为12月20日、12月20日—12月30日、12月2日,见表4-11。由于经济、自然环境、家庭收入等情况的影响,对于贫困村农民资金互助合作社的农民进行贷款,存在一定的风险,延寿县贫困村的3家农民资金互助合作社没有全部提取风险准备金。延寿县六团镇六团村互助资金协会、延寿县延河镇团山村互助资金生产发展协会没有提取风险准备金,延寿县延河镇新发村发展生产互助资金协会提取了风险准备金。合作社的组织机构不是十分健全,只有部分管理人员。每年定期召开社员大会,解决社内重大决策,对于社内事项采取一人一票的表决方式,并定期向全体社员公开财务和运营等情况,延寿县延河镇新发村发展生产互助资金协会、延寿县延河镇团山村互助资金生产发展协会有完善的章程,而延寿县六团镇六团村互助资金协会没有相应的章程,但都具有相应的岗位责任制度。

表4-11　延寿县贫困村3个农民资金互助合作社的内部管理

合作社名称	延寿县六团镇六团村互助资金协会	延寿县延河镇新发村发展生产互助资金协会	延寿县延河镇团山村互助资金生产发展协会
是否有集中借还款日	是(12月20日)	是(12月20日—12月30日)	是(12月2日)
是否提取风险准备金	否	是	否

续表

合作社名称	延寿县六团镇六团村互助资金协会	延寿县延河镇新发村发展生产互助资金协会	延寿县延河镇团山村互助资金生产发展协会
合作社的基本组织机构是否健全,即社员大会、理事会、监事会、经理等(A.健全 B.部分健全 C.不健全)	B	B	B
社员大会、理事会和监事会实行哪种表决方式	一人一票	一人一票	一人一票
合作社是否有例会召集及频率	有(每年两次,年初年末)	有(一年一次)	有(每年年末)
是否定期向全体社员公开财务和运营情况	是	是	是
是否有完善的章程	是	是	是
是否建有岗位责任制	有	有	—

(4)农民资金互助合作社的贷还款流程

对于社员在农民资金互助合作社中的贷款,有资金额与期限的限制,延寿县六团镇六团村互助资金协会的贷款上限为0.2万元,最长期限为10~11个月;延寿县延河镇新发村发展生产互助资金协会的贷款上限为0.5万元,最长期限为12个月;延寿县延河镇团山村互助资金生产发展协会的贷款上限为0.3万元,最长期限为12个月。延寿县六团镇六团村互助资金协会、延寿县延河镇团山村互助资金生产发展协会的月占费用率为9厘,延寿县延河镇新发村发展生产互助资金协会的月占费用率为8厘,还款方式统一为到期还款。对于所有社员占用费率无差别。见表4-12。

表4-12 延寿县贫困村3个农民资金互助合作社贷还款制度

合作社名称	延寿县六团镇六团村互助资金协会	延寿县延河镇新发村发展生产互助资金协会	延寿县延河镇团山村互助资金生产发展协会
贷款上限	0.2万元	0.5万元	0.3万元
最长借款期限	10~11个月	12个月	12个月
月占费用率	9厘	8厘	9厘
还款方式	到期偿还	到期偿还	到期偿还
占用费率是否差别化	否	否	否

(四)贫困村级资金互助社发展的对策建议

1.拓宽贫困村资金互助社融资渠道

一是对接正规金融机构,通过向正规金融机构融资壮大互助资金规模。二是开展贫困村资金互助社的社际合作。由于贫困村自然地理条件和风俗习惯相似,通常在种养殖产品上具有同质性,农业生产具有较强的季节性,不同村之间种养产品不同,资金需求的时间不同,互助社之间开展社际合作,就可以避开共同的用资高峰相互拆借。三是提高借款额度,实际中贫困村资金互助社对借款的额度有严格的规定,最高额度一般较低,无法满足需求,可通过提高借款额度获得更多的资金占用费,同时,吸引更多的农户入社,缴纳入社金,扩大互助金规模。

2.引进金融专业管理人才

由于贫困地区农村人口受教育程度普遍较低,而且又缺乏金融人才,因此需要人民银行和其他金融机构协助农村资金互助社,加强对其现有工作人员的业务培训,以及引进金融专业管理人才。首先,人民银行和银保监会等金融监管部门,应针对互助社工作人员开展一些金融知识和业务操作的培训,提高其业务素质。其次,互助社可以聘请商业银行或者其他金融机构的工作人员,到当地开展与互助社所经营的金融业务相关的讲座,丰富员工的金融知识,有利于提高其业务操作水平。最后,引进金融专业管理人才,互助社可以返聘其他金融机构的退休高管作为专家顾问,利用他们丰富的从业经验和金融知识指导互助社开展业务和工作。

3.加强贫困村资金互助社的风险管理

一是加强内部管理。规范经济业务原始票据和凭证的留存;加强资料报送的管理,要求报送的数据、报告、资料按照要求做好,并在规定时间内报送相关部门。二是加强外部监管。对于因各种原因没有必要、主观上不愿意或无法继续试点的互助社,启动退出程序;加强财务核算的管理,做到每一笔记账都必须有原始票据和凭证的支撑,不漏记录错记录,按期对账;定期整理数据资料,分析互助社的运营状况,并结合其他各种渠道和方式,追踪和监督互助社的发展,及时发现其运行中的困难和问题,并通过加强指导、共同研究解决方案等,帮助其解决问题。

五、总结

(一)问题与挑战

经过10多年的探索,我国农村资金互助社的发展取得了突出的成就,但在现实中,不管是"百信模式"还是"山东模式"(周孟亮,2016),各地农村资金互助社在探索发展过程中受制于商业金融的冲击、法律法规政策的限制和传统观念的影响,仍然存在法律地位不明确、融资渠道不足、服务能力有限、运营体系不全等困境,制约农村资金互助社在乡村振兴战略实施过程中发挥更大的作用。

1.法理地位不明,政策扶持和监管不清晰

农村贷款难、融资难多年来一直是制约我国农业农村发展的突出问题。虽然一些地方通过率先开展农村土地三权分置的制度改革创新,在一定程度上缓解了农村地区村民合作社发展、规模经营的资金问题,但是随着农业农村经济的快速发展,农村地区的各类市场经营主体对资金的需求也更加迫切和多样,尤其是大量个体农户对小额贷款的需求没有得到有效供给。目前试点发展的农村资金互助社发挥较大作用的主要是非官方的农村资金互助社。银保监会虽然出台了《农村资金互助社管理暂行条例》,但是缺乏相应的设施细则,且该条例仅对经其审批的少数资金互助社有效,而这些经过审批的互助社往往由于监管过严,导致活力不足,发展缓慢。各类自发的农村资金互助社在设立和运行过程中存在法理地位不明确、缺乏有效的外部监管机制等问题。政策扶持和监管不清晰,导致在实际运营过程中,互助资金"离农""脱农"现象时有发生,尚缺乏相应的法律制度来保障其健康运行发展(孙学立,2018)。

2. 融资渠道有限，资金链抗风险能力不强

和正规的商业金融相比，农村资金互助社是一个资金体量较小的民间组织，主要组建在村级区域，融资渠道有限，资金来源不足。按照《农村资金互助社管理暂行条例》，农村资金互助社的资金来源包括社会捐赠、同业拆借款和互助社员存款三种方式。从资金互助社的试点实践看，互助社的社员加入农村资金互助社的目的主要是获得贷款，吸收的社员的存款非常有限。同行拆借和社会捐赠是农村资金互助社资金的主要来源，而社会捐赠资金多为组建初期的偶然发生行为，且一般资金额度有限；而从其他商业银行等金融机构融入同行拆借资金，还缺乏系统的实施细则，虽然可以特事特办从一些本地商业银行机构申请一定额度的贷款，但通常额度较小，对互助社的运行实质支持有限（张震，2018）。除此之外，农村资金合作社的资金积累只能靠社员村民通过自循环实现资金的增值，融资渠道的有限性，导致大部分资金互助社的抗风险能力不足，容易陷入资金链断裂和融资难的困境。在一些试点平台，互助社的经营管理层为了获得更多的资金，往往会以股本金的形式变向收取各种存款，不断扩大"社员"的范围，并将资金投向非农的高风险行业，强化了互助金"离农、脱农"趋势，加剧了农村资金互助社破产或者暴雷的风险，以及政府、公众对资金互助社资金链抗风险能力的担忧。

3. 业务范围局限，尚未发挥金融杠杆功能

依据银保监会出台的《农村资金互助社管理暂行条例》对农村资金互助社业务范围的约定，农村资金互助社的业务范围可以包括为社员办理存贷款和结算业务、买卖政府金融债券、办理同业存放和代理业务、向其他金融机构融入资金等。但是在试点互助社的实际经营过程中，农村资金互助社受制于发展规模和市场的认可程度，其服务能力和范围还未能覆盖上述所有业务领域。现阶段农村资金互助社的主要业务还是资金借贷服务。但是针对资金借贷，监管部门出于防范风险考量，严格限制了社员的贷款额度，目前农村资金互助社主要是面向村内部社员的小额信贷，村级资金互助社单笔最高金额一般不超一万元，甚至低至几千元，很难满足乡村振兴战略背景下，农户扩大农业生产和提高生活水平所需贷款的额度需求，同时也因为区域的限制，只能服务于本村村民，农村资金互助社尚未发挥金融的杠杆功能。

4. 运营体系不全，难以发挥系统互助优势

农村资金互助社作为一个合法的自助合作组织，需要在各级政府发挥系统优势，给予自上而下的系统性支持下才能实现可持续发展，但是由于没有后续的政策持续支撑，目前我国的农村资金互助社还停留在部分地区的试点，各个互助社还处于单兵作战的状态，与各类政策银行、商业银行和其他合作组织之间还未能形成良好的协同关系。从对农村资金互助社的作用机制分析看，农村资金互助社本可以通过资金的自循环来实现农村的经济、教育、医疗、养老等民生方面的良性互助，尚未建立系统性的保障机制设计和完整的运营体系，导致老百姓对农村资金互助社的认识不足，合作社社员参与合作的积极性不高，广大乡村地区系统性的互助效果尚未产生。

（二）未来发展趋势

1. 规范内部管理

农村资金互助合作社目前在资金的借贷管理上存在部分违规贷款的情况，主要是因为经营权和管理权未分离，互助社由出资较多的发起人充当管理者，社内的资金借贷、审批及发放管理由理事长一人决定,极易出现呆账坏账。因此,需要规范内部管理,严格借贷管理,规范借贷流程。

(1)建立信贷员制度

通过培训培养一大批高素质的收集农业信息的信贷员,信贷员对借款人和担保人认真进行贷前审查,用专业知识给农户进行合理的投资指导,避免资金浪费。贷款期间信贷员要做好跟踪服务,及时了解借款者的资金使用情况或农户的经营情况,了解农户的关系圈层,以便发生违约时及时处理,提高还款率(马涛,2015)。

(2)建立审贷分离制度

贷款的审核和批准分开设置,以便相互监督、相互制约。另外,对信贷员的审批进行复核,以免发生人情贷款,大额贷款时必须经由理事会的全体成员以及监事会成员同意才可进行借贷。建立借款人发放赔偿制度,通过微观层面把控信贷资金发放的规模和质量。

(3)建立贷款回收保障制度

我国农村资金互助社应建立动态信用评价体系来保证资金的回笼,动态信用评价体系内分 A、B、C 三级评价等级。A 级为信用良好,借款者能够按时还款,对长期此等级的社员可进行贷款利率优惠或提升贷款额度;B 级为信用危险,对于有逾期未还款项的社员限期归还,限期未还将其降为 C 级,如果有 3 次 B 级贷款则限制贷款额度;C 级为信用不良,有未按时归还的款项,限期还款,逾期后追究法律责任。未还款项达到一定数额的,不但要追究责任,社员大会还可将其除名。

2.完善组织结构

农村资金互助社正处于发展的初级阶段,合理的组织结构有助于其在运行过程中进行监管,有效控制金融风险。一方面,要完善法人治理结构。构建现代法人组织框架,分离权力机关、运行机关及监管机关,营造"三会"各行其职、相互制约的经营氛围(孙飞霞,2015)。管理中要严格执行民管、民有、民获益的原则,严格按照规定行使职权理性决策,遵循决策程序,规范机构运行。另一方面,规范社员大会召开。社员大会的召开必须要让入社的广大社员参与到民主管理中来,社员都是互助社的主人,拥有平等的表决权及选举权,规范表决权的用途,要赋予入社成员更多控制权及话语权。通过优化完善农村资金互助合作社的组织结构,遵守社员表决制度,民主管理制度,从而保证资金互助组织合作制的本色不变。

3.健全监督体系

农村资金互助社的运行依赖于地缘和人缘,如果融资规模扩大,在利益最大化的驱动下,这种亲缘关系将变得不再牢靠,一旦失控,不但会使农村资金互助社自身运行崩溃,还会重创整个农村金融体系。可见,对农村资金互助社的监管意义非凡。

(1)设立独立监管机构

为保证合作金融机构的独立性,各国政府一般采用设立单独机构进行管理的方法。建议我国应针对农村资金互助社的独特性设置专门的机构进行管理,确保互助社发展的独立性(汪丽丽,2013)。建议从银保监会划拨出的监管机构和地方政府的金融办公室及农业部的经济管理部门联合成立中国农村合作金融监督管理总局,负责全国合作金融组织的监管,并制定相应法律法规。推行监管专业化制度,配备真正懂金融工作的人才负责农村合作金融的领导,并且定期下乡进行金融常识的宣讲,引导农民知法守法,营造良好的农村金融法律环境。

(2) 完善内部控制制度

一是改善内部控制环境。良好的内部控制环境可以为农村资金互助社构建其内部控制体系打好根基。培育农村资金互助社内部控制文化,通过对社员的职业道德和政治思想等培训教育,可以有效提高入社成员的职业道德水平,在根源上遏制道德风险的发生。同时,强化对社员的业务技能和专业知识的培训(华楚慧、陈东平,2018),逐步提高社员的职业能力水平以及业务素养,方可适应互助社的内控要求。重视培养整体社员的内控意识,始终把风险管理当作经营运行的重心。二是加强经营活动控制。严格执行不相容岗位制度,遵循岗位制衡机制,审贷分离;合理配置稽核人员,选用经验丰富、有责任感、业务能力强的人才进入稽核队伍,保证内部稽核部门的独立性和权威性,定期向理事会报告内控情况及改进进程(仇琪,2013)。三是强化信息披露机制。农村资金互助社的风险管理过程是一个信息交互传递及反馈的双向反应过程,信息的披露及公开可以有效防范有关风险,解决由于社员素质偏低、民主管理意识淡薄而引发的部分管理问题。通过信息披露,不仅可防止"内部人控制"现象的发生,并且使得每位成员均可及时了解互助社的经营现状、风险状况等(彭澎、张龙耀,2015)。

(3) 强化外部审计制度

外部审计监督是发达国家合作金融监管制度方面的重要内容,如德国的《德国工商业与经济合作社法》明确规定:各类合作金融企业每年必须接受行业审计协会的审计,而且每个合作社必须加入一个拥有审计权的行业协会(王东光,2007),如果退出协会,管辖法院会在限定期限内要求其必须重新获得一个协会的会员资格,否则法院就会宣布合作社解体。建议我国农村资金互助社可通过会计事务所或行业协会进行外部审计的监督,允许互助社自主选择加入一家有审计权的协会或会计事务所,至少一年进行一次外部审计。外部审计不仅对监事会负责,同时也对政府监管机构负责,完成审计报告后,由监事会向社员通告,同时向监管机构进行备案。

4. 畅通退出机制

对于快速发展的农村资金互助社来说,只有完善的准入制度,健全的内部治理,有效的市场监管,畅通的退出机制,才能保障其各权利主体的利益,避免金融风险的发生。农村资金互助社退出机制的完善,应在借鉴国外成功经验的基础上结合我国的实际国情,构建真正维护我国农村金融市场稳定的市场退出机制。

(1) 发挥政府在退出中的引导作用

金融机构退出市场的模式有行政主导模式、司法主导模式及行政和司法相结合的混合模式。目前,在合作金融比较发达的德国、日本等,都采用了行政和司法相结合的混合模式,并具有相关法律法规的制度保障。由于我国农村资金互助社的特殊地位,其破产还不能完全交给市场进行选择,还需银保监会和主管行政机关做出判别。但目前以行政为主导的互助社退出模式严重伤害了农户组建农村资金互助社的积极性,不利于农村资金互助社的健康发展。农村资金互助社的破产退出应尽量融入市场经济体系中,让市场规律实现"优胜劣汰"。在农村资金互助社退出市场的过程中,政府应该是监督者、引导者、服务者及规范者,逐步弱化政府对互助社市场退出的直接干预,建立以市场为主、政府为辅的退出原则,实施多次退市方式,即对还有清偿能力但短期流动困难的互助社可提供资金援助(梅波,2005)。而对于长期财务亏损、无法还债的互助社,选择破产方式果断退出。

(2)适当调整互助社市场退出标准

市场主体在退市时认定的标准一般有以下三种:第一,资产负债标准。如果资产负债表中的资产金额小于负债金额,债务人就可被判定退出市场。第二,流动性标准。如果债务人无法给付已到期的债务,就可认为其不再稳健安全,可判定退出市场。第三,监管性标准。合作金融组织的资产与监管主体的要求不符时,监管主体就认为该机构的财务经营状况存在风险,就可判定该机构部分或完全丧失清偿能力,一般以资本充足率作为依据进行判定。资本充足率可对金融机构经营的稳健性和潜在风险性进行衡量,其反映了资本和风险加权资产的比率,是对银行资本实力的反映。该标准可有效降低权益人的资产损失风险,有利于金融市场的稳定。因此,这个标准也是当前通行标准。农村资金互助社在退出市场时采取的标准也是监管性标准,不管资产负债表显示情况如何,只要银保监会认为未达到要求,就可判定其财务状况失去稳健,丧失清偿能力。但是我国的农村资金互助社是支农性、扶贫性的金融机构,所以应将其标准进行适当调整。当发放的贷款多为农业性贷款时,适用《暂行规定》中的标准;农业性贷款比例偏低时,可将该标准适当提高,从而使用这个比率督促互助社履行支农职责。

(3)健全互助社市场退出保障制度

一方面要完善农村资金互助社存款保险制度。存款保险制度的建立就是当投保金融机构无法支付到期债务或破产时,由投保机构直接支付存款,以避免挤兑维护行业安全的一种制度,这是一种特殊的保险,它具有政策性、非营利性及经营主体特殊性的特点。我国农村资金互助社数量多、规模小,通过存款保险制度可以保护农户的利益,存款保险制度是农村资金互助社退出机制健全的重要保证。根据农村资金互助社自身特点,建议我国建立由财政部、地方政府和农村资金互助社三者按不同比例共同出资向银保监会进行投保,对该地互助社进行监管救助。另外,为了防止出现拒保现象,我国应借鉴日本采取强制参保方式,通过制度设计的不断优化,激励督促农村资金互助社审慎性经营管理。另一方面,完善农村资金互助社紧急救援机制。当农村资金互助社出现无法清偿债务的情形时,银保监会向其提供援助的制度就是农村资金互助社的紧急救援机制。虽然这不是严格意义上的市场退出机制,但由于互助社是银行业性质的金融组织,为了保持农村经济秩序的平稳运行,对农村资金互助社应以预防挽救为主,因此有必要采取接管紧急救援机制。对面临破产,但还有经营价值的互助社,当其存在资不抵债、资本亏空、恶意违反禁令、经营恶化、资本充足率不达标及违法行为可能造成存款人利益损毁的其中之一情形时(何畅、李倩,2005),银保监会可成立接管组织,行使互助社的经营管理权,期间债权债务关系不变,对其资金进行整合,对其人员进行调整,查点财产清收债权,根据结果或是清算,或是转卖承接,在规定的时限内快速处理好互助社的问题,制止事态恶化,进而保护债权人的利益。

参考文献

[1] 范应胜.金融支持脱贫攻坚与乡村振兴衔接的探索与实践[J].时代金融,2021(07):56−58.

[2] 郭峰,王瑶佩.传统金融基础、知识门槛与数字金融下乡[J].财经研究,2020,46(01):19−33.

[3] 张震.农村资金互助社可持续发展探究[J].安徽农业科学,2018,46(25):197−199.

[4] 温锋华,李思婷.农村资金互助社在乡村振兴中的作用机制研究[J].北京规划建设,2021(02):87−92.

[5] 植凤寅.农村资金互助社十年[J].中国合作经济,2014(10):21−23.

[6] 毛通,谢朝德.金融支持乡村振兴的模式和路径——基于浙江"三位一体"农村信用合作实践的思考[J].当代农村财经,2018(10):10−16.

[7] 何广文.农村资金互助合作机制及其绩效阐释[J].金融理论与实践,2007(04):3−8.

[8] 王杨.新型农村合作金融组织的风险及防范[J].人民论坛·学术前沿,2020(17):108−111.

[9] 李廷,任凡兴,李明.农户社会资本结构的变化促使了农村资金互助组织的兴起吗?——以江苏省为例[J].农村经济,2018(07):69−76.

[10] 张雷,陈东平.资金互助组织存续优势及影响因素研究——基于22家农民资金互助社的调查[J].南京邮电大学学报(社会科学版),2017,19(01):76−87+116.

[11] 程增荣.以农民资金互助破解农村创业资金短缺问题[J].中国乡镇企业会计,2021(07):29−30.

[12] 马九杰,周向阳.农村资金互助社的所有权结构、治理机制与金融服务[J].江汉论坛,2013(05):59−65.

[13] 王韦航.关于发展农村资金互助合作组织的思考[J].农业经济问题,2008(08):61−65.

[14] 张庆亮,张前程.我国农村资金互助社监管问题探讨[J].管理学刊,2010,23(04):21−25.

[15] 王玮,何广文.社区规范与农村资金互助社运行机制研究[J].农业经济问题,2008(09):23−28+110.

[16] 高红霞,杜司赢.农村资金互助社治理问题成因解析——以甘肃龙湾村石林资金互助社为例[J].甘肃金融,2012(04):13−16.

[17] 王刚贞.农村资金互助社绩效评价研究——基于安徽太湖的案例[J].财贸研究,2012,23(06):51−59.

[18] 邵传林.金融"新政"背景下农村资金互助社的现实困境——基于2个村的个案研究[J].上海经济研究,2010(06):27−35.

[19] 陈东平,钱卓林.资本累积不必然引起农村资金互助社使命漂移——以江苏省滨海县为例[J].农业经济问题,2015,36(03):40−46+110−111.

[20] 秦煜.农村资金互助社的金融制度创新[J].学会,2008(08):7−14.

[21]王建英,陈东平.内生于农民专业合作社的资金互助社运行机制分析——基于不同经济发展程度的考察[J].金融理论与实践,2011(02):19-24.

[22]洪正.新型农村金融机构改革可行吗?——基于监督效率视角的分析[J].经济研究,2011,46(02):44-58.

[23]郑宏,陈英,甄力华.农村资金互助社的制度选择逻辑:理论与实践[J].山东社会科学,2012(06):93-96.

[24]高杨.山东省扶贫互助资金合作社运行机制研究[D].泰安:山东农业大学,2014.

[25]廖继伟.新型农村资金互助合作社发展路径研究——以四川为例[J].上海经济研究,2010(07):48-54+66.

[26]楼栋,陈鹏,于雷.专业合作基础上发展资金互助的SWOT分析及其战略选择[J].西北农林科技大学学报(社会科学版),2011,11(01):35-40.

[27]中国人民银行合肥中心支行课题组,汪昌桥.安徽省农村资金互助社发展的实践与思考[J].中国金融,2008,632(2):65-67.

[28]申云,高玉婷,陈怡西.农村资金互助社股权集中度会影响其运营效率吗?[J].西部经济管理论坛,2021,32(1):36-48.

[29]李明贤.农村资金互助社与农村经济发展[J].中国农村信用合作,2008,227(2):25-26.

[30]敖雪.农户参与农村资金互助行为的影响因素研究[D].咸阳:西北农林科技大学,2020.

[31]管福泉,毛意琴.浙江省农村资金互助组织贷款信用合作成效实证分析[J].金融经济,2019,516(18):72-74.

[32]农村资金互助社发展研究报告[J].中国合作经济,2021,404(2):34-43.

[33]刘茗汐.HY农村资金互助社农户参与影响因素研究[D].兰州:西北民族大学,2021.

[34]谢翠华,滕丹雅,罗建利,等.农村资金互助社的主要模式及绩效分析[J].经济师,2019,367(9):20-22.

[35]赵小晶,杨海芬,王建中.新型农村资金互助社研究[J].农村金融研究,2009,350(5):69-73.

[36]董晓林,徐虹,易俊.中国农村资金互助社的社员利益倾向:判断、影响与解释[J].中国农村经济,2012,334(10):69-77.

[37]中国社会科学院农村发展研究所课题组,张晓山."三位一体"综合合作与中国特色农业农村现代化——供销合作社综合改革的龙岩探索[J].农村经济,2021(07):11-24.

[38]陈晓枫,张洋刚.农民合作社内部信用合作:运行机制、困境与突破[J].福建论坛(人文社会科学版),2021(05):67-78.

[39]温锋华,李思婷.农村资金互助社在乡村振兴中的作用机制研究[J].北京规划建设,2021(02):87-92.

[40]汪雷,王佳佳.农村资金互助合作社:发展障碍与路径选择——基于安徽黄山供销农副产品专业合作社的考察[J].中国合作经济,2020(07):33-36.

[41]黄迈,谭智心,汪小亚.当前我国农民合作社开展信用合作的典型模式、问题与建议[J].西部论坛,2019,29(03):70-79.

[42]叶李伟,施佰发.金融扶贫背景下我国农村资金互助社绩效评价——基于福建省南安市助民合作社资金互助部的调研与案例分析[J].福建论坛(人文社会科学版),2019(01):195-202.

[43]谭智心.贫可贷 富可贷 不讲信誉不可贷——基于安徽省金寨县新型农村合作金融组织资金互助的调查[J].农村工作通讯,2017(21):44-46.

[44]张照新,曹慧,高强,等.农民合作社内部信用合作:实践困境与发展前景[J].中国农村金融,2015(10):75-77.

[45]龙超,叶小娇.农村合作金融社会价值、立法规制与我国农村合作金融发展[J].金融理论探索,2019(05):8-15.

[46]周孟亮.普惠金融视角下新型农村合作金融创新发展——兼谈"百信式"与"山东模式"[J].财经科学,2016(09):14-23.

[47]马涛.我国小额信贷机构信贷员绩效影响因素研究[D].北京:中国农业大学,2015.

[48]孙飞霞.新型农村合作金融组织的发展瓶颈与路径选择[J].学术交流,2015(07):136-140.

[49]汪丽丽.非正式金融法律规制研究[D].上海:华东政法大学,2013.

[50]华楚慧,陈东平.社会网络、关系契约与农民资金互助组织治理有效性——以江苏省滨海县樊集资金互助社为例[J].江苏农业科学,2018,46(09):360-362.

[51]仇琪.内部控制之不相容岗位设置探究[J].财经界,2013(17):97.

[52]彭澎,张龙耀.农村新型资金互助合作社监管失灵与监管制度重构[J].现代经济探讨,2015(01):48-52.

[53]王东光.德国工商业与经济合作社法[J].商事法论集,2007(01):319-369.

[54]梅波.金融机构的市场退出机制初探[J].甘肃行政学院学报,2005(02):102-103+106.

[55]何畅,李倩.银行接管法律问题研究[J].国际金融研究,2005(06):71-75.

第五部分 其他类型合作经济组织发展研究报告

在中国,合作社作为一种重要的组织形式和经济发展形态,在加快推进农业现代化,繁荣城乡经济,统筹城乡发展,增加就业和收入等方面发挥着不可替代的重要作用。本章将介绍除生产合作、流通合作、信用合作等典型的合作组织类型以外的,具有一定的治理架构和制度安排的其他类型合作经济组织。

一、其他类型合作经济组织发展现状

(一)土地流转合作社

农村土地流转合作社是指在家庭承包经营的基础上,由享有农村土地承包经营权(或林地经营权)的农户和从事农业生产经营的组织,为解决家庭承包经营土地零星分散、效益不高、市场信息不灵等问题,自愿联合、民主管理,把家庭承包土地(或林地)的经营权采取入股、委托代耕和其他流转方式进行集中统一规划、统一经营的农村互助性合作经济组织。它以股份制和合作制为基本形式,实行"三权分离",即村集体拥有土地所有权,农民拥有土地承包权,土地流转合作社拥有土地经营权,农户按入社土地面积从合作社获取分红收益。

目前,土地流转合作社大体上可以分为两种类型:(1)村集体牵头成立土地股份合作社,将土地整理后通过合作社转租,在土地流转中发挥中介作用,实际上是村集体组织"统"的职能的体现。合作社自己不经营,只是充当流转中介。但是通过土地整理,合作社也可以得到多出来大约10%土地的租金,这部分租金除了弥补整理土地的支出外,主要用于村集体的办公经费。(2)村集体或农户成立土地股份合作社自己经营。一开始合作社仅仅充当流转中介,后来逐渐组织本村的剩余劳动力自己经营。这样既增加了入股农民的分红数额,又增加了村集体的收入。表5-1展示了土地流转合作社的各项成本。

表5-1 土地流转合作社公司化运营与维护的劳动力成本

占比		小苗	中苗	大苗
		二成	三成	五成
管护	1人看护亩数	4分地	1亩地	1亩地
	2人看护亩数	6分地	1.5亩地	3亩地
	管护费用/年	300元/人	300元/人	300元/人
锄地	每年锄地次数/亩	6次	4次	3次
	用工数	每亩地15个工	每亩地4~15个工	1个工2~3亩
	用工的工资/天	80	80	80
	成本总额/元	7200	1280~4800	80~120

续表

占比	小苗	中苗	大苗
	二成	三成	五成
公司流转土地的成本	800元/亩		
（平均）总成本（元）	9000	4140	1200
总成本（元/亩）	3642		

数据来源：邓宏图等，《管理世界》2020年第9期。

以合作社作为土地流转的载体，引导农民将土地流转给专业合作社经营，是完善农村土地流转方式的一种创新。其意义主要有以下几个方面：一是有利于土地资源优化整合，通过合作形式进行生产经营，符合农村发展的实际，对于进一步深化农村土地经营制度、实现适度规模经营、促进生产方式转变、带动农民增收具有积极意义；二是农民把土地委托给合作社统一经营，使这些农民完全从土地中解放了出来，安心外出务工经商或就地转移从事第二、第三产业，促进了专业化分工，同时这些农民又能得到土地收益，有利于保证农民长期而稳定的收益，也有利于农民的非农化转移和农村城镇化进程；三是实现适度规模经营，有利于加快农业产业化的发展。

（二）农村合作医疗

合作医疗是由我国农民自己创造的互助共济的医疗保障制度，在保障农民获得基本卫生服务、缓解农民因病致贫和因病返贫方面发挥了重要的作用。它为世界各国，特别是发展中国家所普遍存在的问题提供了一个范本，不仅在国内受到农民群众的欢迎，而且在国际上也得到好评。世界银行和世界卫生组织把我国农村的合作医疗称为"发展中国家解决卫生经费的唯一典范"。

合作医疗在将近50年的发展历程中，先后经历了20世纪40年代的萌芽阶段、50年代的初创阶段、60—70年代的发展与鼎盛阶段、80年代的解体阶段和90年代以来的恢复和发展阶段。面对传统合作医疗中遇到的问题，我国政府组织专家与地方卫生机构进行了一系列的专题研究，为建立新型农村合作医疗打下了坚实的理论基础。2002年10月，我国明确提出各级政府要积极引导农民建立以大病统筹为主的新型农村合作医疗制度。2009年，我国做出深化医药卫生体制改革的重要战略部署，确立新农合作为农村基本医疗保障制度的地位。

新型农村合作医疗制度，简称新农合，是由政府组织、引导、支持，农民自愿参加，个人、集体和政府多方筹资，以大病统筹为主的农民医疗互助共济制度。其资金来源主要以政府投入为主，农民再出剩余部分。具体的筹资比例为：中央财政和地方财政各占三分之一，农民个人缴纳三分之一，乡村集体经济组织有条件的也要给予资金支持。新农合制度实施以来取得显著成效，其作用体现在以下几个方面：一是有利于用较低的费用，保障农民得到基本医疗保健服务，减少患病农民因经济条件所限不敢或难以就诊及住院问题。二是有利于减轻患重病农民的经济负担，缓解农民"因病致贫，因病返贫"的现象再次发生。三是有利于大多数轻型病人在乡镇、村两级卫生机构就近就医，调整病人合理流向，使有限的卫生资源得到有效利用；发挥卫生院、村卫生所的作用，方便群众就诊。四是有利于卫生资源流向农村卫生机构，加强乡镇、村基层卫生组织，改善农村基层卫生机构服务功能，稳定农村卫生队伍；完成公共卫生突发事件的紧急处置，减少灾害伤亡。五是有利于农村推行初级卫生保健，组织群众积极参与，实现我国人人享有卫生保健的战略目标。六是有利于发展农村卫生事业,有效保护劳动力,提高农民健康水平,促进农村经济发展。七是有利于提高党和政府在群众中的威信,密切党群关系,缩小城乡差别,保持社会稳定。

(三)农机合作社

随着工业化的发展,农业机械逐渐进入市场,现已变成了农业生产中不可或缺的一部分。近年来,随着政府部门愈加重视农机化发展,通过不断加大扶持政策,进行农机推广,带动农民的购买热情,提高农业生产效率和人均收入,使农机化水平显著提升。

虽说农机得到了普及,但是受各种因素制约,每个农户不可能拥有各种功能的农机产品,大多数农户都是单机作业,这就是全程机械化的主要制约因素。而农机合作社有如一个农机"超市",可以把各种不同型号、不同功能的农机有效组合起来,进行统一安排管理。进而有效开展从耕整、种植到收获一系列全程机械化服务。

农机合作社能有效整合农机资源。农机资源得到了整合,不仅提高了农机使用率,因闲置、无序竞争而带来的问题也得到改善。农机合作社作为农机资源的基地,根据作物成熟的先后实际情况,统筹部署,组织连片作业,提高作业效率。如"三夏"的到来,农机合作社组织开展跨区作业,不仅为粮食丰收提供保障,还增加了农民的经济收入,增产增收得到双重保障。

农机合作社为农民与政府搭建桥梁。在生产过程中社员出现的一些问题,农机合作社可以有效地传达给政府部门,政府部门能对实际问题进一步了解,从而制定更好的完善政策,对决策进行贯彻落实。合作社根据政府颁布的政策进行宣传并推行,使农民从中获益。

(四)测土施肥合作社

测土施肥合作社主要由土肥技术人员、农资供应人员、配方专用肥生产企业、施肥作业人员、种粮大户、种植业生产合作社组成。主要任务除开展统一施肥等作业任务外,还包括及时向社员提供最新土肥信息、开展市场土肥信息与技术的收集和交流、为社员建立健康档案、为社员提供肥害补救措施等内容。合作社将这些力量整合起来,织成一张科技网,从而最大限度地发挥土肥社会化服务功能。

测土施肥合作社的创建,把土壤监测体系、科研单位的配方专用肥技术、市场化运作的专用肥生产企业、连锁经营的农资供应网络、统一施肥的社会化服务组织等公益型服务有机地结合起来,构建新型的土肥社会化服务体系,真正把社会化服务的功能最大限度地发挥出来,对农业生产效率等方面的提高有着积极的影响。

(五)农村劳务合作社

农村劳务合作社是由农村居民经济合作社或社会团体作为发起人成立,主要吸收有劳动能力但难以寻找到合适就业岗位的农村闲置劳动力参加的一种新型合作经济组织。这种以农村富余劳动力、失地农民的劳动合作为基础成立的农业合作经济组织,旨在把农村富余劳动力和失地农民的就业与土地规模经营业主、企业劳动用工、现代农业技能要求统筹兼顾起来,以农业劳务合作社为载体,实现劳资双方无缝对接,合作共赢。通过这种农业生产方式的转变,能有效解决农业业主生产管理环节的"瓶颈",积极探索出一条农民"自我管理、自我服务、自我提升"的有效途径。

随着土地规模化经营和农村青壮年劳动力向第二、第三产业转移,农业社会化服务体系滞后的问题也日渐凸显:一方面,土地流转规模化经营,农村出现季节性用工难和社会服务用工难问题;另一方面,随着青壮劳动力向第二、第三产业的转移,农村富余劳动力大部分是老人、妇女或儿童,存在就业困难问题。这就催生了对劳务合作社发展的需求性。

农村劳务合作社不仅是市场经济主体,同时还具有明显的公益性质,相关部门在技术上免费提供咨询,在装备上给予政策补贴,在税收上地方留成部分给予合作社以奖代补,在同等条件下,优先将就业机会提供给劳务合作社,提高对外承揽劳务工程的市场竞争力。江苏省太仓市通过探索和发展农民劳务合作社,将农村闲置劳动力组织起来,承接城市绿化工程、道路养护、物业管理、农业生产服务等工作,在解决这个问题上做出了卓有成效的探索实践。

在实践中,劳务合作社发挥的功能主要有以下几个方面:一是开展劳务输出,通过组织开展农村"失地留守弱劳动力"培训技能,有组织地向从事种植业、养殖业、加工业的业主输送劳务,开展定向、订单式用工服务;二是承包劳务技术,承包种植业、养殖业、加工业业主的劳动用工、技术管理、市场信息"一条龙作业";三是承接专业和岗位培训,农业劳务合作社对农民进行现代农业所需的技术、技能、专业、信息等资质培训,通过考试颁发劳动技能证书,实行持证上岗。

(六)保险合作社

保险合作社是合作制保险形式之一,目前全球具有影响力的保险合作社有美国的蓝十字与蓝盾协会(Blue Cross and Blue Sield Association)等。这种组织形式分布于30多个国家,其中英国的数量最多。农业保险合作社是在一定区域内建立起来的、以参保的农户为主体、不以营利为目的的组织,农户加入合作社时须认缴一定金额的股本,投保时缴纳保险费。保险合作社自主经营、自负盈亏,成员有权参与日常的经营管理,业务结余留在社内归全体成员所有。作为一种风险共担、利益共享的非营利性互助合作组织,保险合作社相对于商业保险公司而言在经营农业保险方面具备许多优势,并成为法国、德国、日本等国家农业保险的经营模式。

农业保险合作社在许多国家推广并取得成功经验,但各国国情不同,具体操作上各具特色,例如法国主要由农户自愿组成合作社,日本是在政府大力支持下成立农业共济组合。保险合作社能够容纳不同水平的生产力,尤其在解决我国农业保险供求不足方面具有明显的优越性,因此这种组织形式很适合我国当前农村经济发展水平,是发展我国农业保险理想的组织模式。但由于长期以来我国农村自治并不成熟,完全依靠农户组织保险合作社可能会遇到一些障碍,因此应在各级政府的引导和扶持下,立足于自身特点,建立和发展适合我国国情的保险合作组织。

(七)住宅合作社

国际上通行的住宅合作社是指社员出于共同的居住需求而自愿联合起来成立的互助合作组织。国务院住房制度改革领导小组、建设部、国家税务局在1992年发布的《城镇住宅合作社管理暂行办法》中对住宅合作社做了如下定义:"本办法所称住宅合作社,是指经市(县)人民政府房地产行政主管部门批准,由城市居民、职工为改善住房条件而自愿参加,不以营利为目的的公益性合作经济组织,具有法人资格。住宅合作社的主要任务是:发展社员,组织本社社员合作建造住宅;负责社内房屋的管理、维修和服务;培育社员互助合作意识;向当地人民政府有关部门反映社员的意见和要求;兴办为社员居住生活服务的其他事业。"

《城镇住宅合作社管理暂行办法》中对住宅合作社有如下分类:一是由当地人民政府的有关机构,组织本行政区域内城镇居民参加的社会型住宅合作社(社会型);二是由本系统或本单位组织所属职工参加的系统或单位的职工住宅合作社(系统型或单位型);三是当地人民政府房地产行政主管部门批准的其他类型的住宅合作社(危改型或搬迁型等)。

作为我国住房保障制度的供应体系,合作住宅、经济适用住房和集资建房都享受了政府的有关优惠、扶持政策,但它们的运作方式是有所区别的。经济适用住房按市场规律运作,它的定价包含一定的经营利润,建成的住房向全社会的中低收入家庭出售;集资建房一般由单位出面组织,单位提供建房用地,由参加集资的职工部分或者全额出资建设;而合作住宅则是社员自愿组织、互助合作、民主管理的一种住宅。另外,在我国,有些合作社在建房完成之后,产权归社员个人所有,合作社作为一种组织,退出住房管理,或宣告解散,这只能称为合作建房,是我国住宅合作社不够规范的表现。

中国住宅合作社的出现,顺应了经济发展的实际需求,在一定程度上满足了部分城镇居民的住房需求。然而,由于种种原因,我国住宅合作社在20世纪90年代初期经历了短暂繁荣,目前基本处于停滞阶段。住宅合作社具有典型的非盈利性特征,旨在通过社员集资合作建造住宅,改善合作社社员的居住条件。然而,从我国实际来看,住宅合作社的生存和发展却因处处受限而一直处于极为艰难的境地,在改善公民居住条件、实施住房保障的过程中,并没有充分发挥其应有的作用。

(八)消费合作社

消费合作社是自愿联合的消费者,通过其共同所有与民主控制的企业,满足它们共同的经济、社会与文化需要及理想的自治联合体,它也遵循国际合作社联盟的七项原则,因而在本质特征上与其他类型合作社并无实质区别。最典型的消费合作社类别是经营食品与其他非食品类生活用品的消费合作社,其广义的业务领域可包含电力、电话、健康医疗甚至住房与金融服务等消费合作社种类。

目前,我国的消费合作社发展尚处于起步阶段,主要涉及食品和基本生活用品领域,特别是在农产品销售领域。例如北京市农研中心成立的农研职工消费合作社与延庆北菜园农产品产销专业合作社进行"社社对接",消费合作社搭建了社员在线购物和监督平台,通过"互联网+物联网+充值卡+智能配送柜"的形式,提供随时随地在线订购北菜园蔬菜的服务。同时为了拉近生产者和消费者的距离,农研中心职工消费合作社还组织社员定期考察参观北菜园联合社的蔬菜生产环境,了解蔬菜的生产管理和配送过程,不仅让消费者用得放心,同时对产品的质量起到很好的监督作用。全国第一个由省级供销合作社成立的城市社区消费合作社——云南永的大树营消费合作社,在昆明市东风东路金马立交桥旁大树营后村成立。这是由云南省供销合作社牵头,目的在于为社区居民提供方便优惠的服务,在市场物价波动的时候,可以通过对分布各社区的消费合作社给予适当补贴进行物价调控。

由于新形势下我国发展消费合作社的经验还比较缺乏,其业务领域尚未涉及太多产业,比如像住房这样的敏感且涉及多部门、多利益的产业,因此进一步发展消费合作社是一个总体上逐步推进的过程。

(九)乡村旅游合作社

伴随着乡村旅游的发展,一些地方由农户各自经营、各自为政引发的恶性竞争时有发生,为实现乡村旅游可持续发展,乡村旅游合作社应运而生。乡村旅游合作社是指以农事生产为基础,占有相关资源的农户在自愿联合、民主管理的基础上建立的互助性经济组织。乡村旅游合作社主要有两种合作类型。

第一种是实物合作,即以乡村旅游发展依托的实际存在的有形事物为入股要素进行合作。其主要包括三个方面:一是旅游资源,如属于农户私有的特色建筑、田园菜畦等;二是旅游生产要素,如土地、房屋等,对其加以征用和改造,从而使其成为旅游接待设施;三是其他相关资源,如豆腐作坊,旅游者对乡村豆腐坊生产的豆腐情有独钟,开展乡村旅游时将其作为必不可少的饮食类别,因而,可以考虑将豆腐作坊纳入乡村旅游合作社。依托实物是开展乡村旅游合作的基础。

第二种是文化合作,将文化纳入合作范围能够有效提升乡村旅游文化内涵。文化合作具有两层含义,一方面是指文化艺术载体以产品形式参与合作,如木版年画的印制、竹工艺品的编制等;另一方面是指具有某种文化艺术表演能力的人,如皮影戏的传承者,民族舞蹈的表演者,其可以通过艺术表演而加入乡村旅游合作社。文化合作是乡村旅游合作的提升。

乡村旅游合作社是农民合作组织,但其仍然需要以政府为主导,促使乡村旅游在以下方面发力:首先,获得财政支持,如政府对乡村旅游合作社予以适度的财政补贴,在税收、金融等方面给予一定的优惠政策,解决乡村旅游合作社发展中的资金问题;其次,享受惠农政策,如政府对乡村旅游制定统一的营销战略,对乡村旅游资源进行统一推广,从而为乡村旅游发展扩大宣传,节约成本;最后,接受培训教育,政府组织专家学者对乡村旅游合作社提供一定的智力支持,对服务人员进行培训和教育,从而提高合作社工作人员的综合素质。

乡村旅游合作社也需要企业的参与。企业参与乡村旅游合作社运作应当是全方位的,首先,参与融资,为乡村旅游合作社运营提供一定的资金支持;其次,参与生产,提升乡村旅游合作社的竞争力,引导乡村旅游企业做大做强;最后,参与管理,以企业管理的视角,指导合作社成员规范化生产运营。

(十)全国手工业合作社

中华全国手工业合作总社于1957年成立,是在党中央、国务院领导下,由全国各省、自治区、直辖市联社及其集体工业经济联合组织组成的集体所有制经济联合组织。总社的主要职能是按照建立现代企业制度和把集体企业真正办成职工(社员)自己的企业要求,组织、推动城镇集体(合作)企业改革与发展,以适应社会主义市场经济发展的需要;组织指导发展新型的集体企业、合作制企业及家庭手工业,吸纳就业人员,维护社会稳定;组织成员单位开展互助合作活动,为成员单位提供供销、技术、信息、资金融通、法律咨询、人才培训等各项服务,帮助其提高素质和整体效益等。中华全国手工业合作总社及其所属各级联社已逐渐成为集体企业改革和发展的指导者和组织者,集体经济政策的建议者和协调者,集体资产的管理者和维护者,政府与企业之间的桥梁和服务者。

2011年,中华全国手工业合作总社第七次代表大会审议并一致通过了《中华全国手工业合作总社章程(修正案)》,决定正式颁布施行。该章程规定"中华全国手工业合作总社是在党中央、国务院的领导下,由各类城镇集体工业联社、手工业合作联社和其他集体经济组织组成的全国性的联合经济组织,是各级联社及其他成员单位的指导和服务机构"。

该章程约定,中华全国手工业合作总社指导成员单位和集体企业,深化改革,发展多种形式的集体经济,互助合作,实现劳动者的共同富裕。总社实行自愿、自主、合作、互利、民主、平等的原则。以指导、维护、监督、协调、服务为基本职能,搞好资产运营,增强经济实力,强化服务功能,成为联系政府与企业的桥梁和纽带。总社及其各级联社依法具有独立的法人地位,是本级社资产所有者代表,其合法权益受国家法律保护。中华全国手工业合作总社下属各级联社,属于第七届理事会常务理事的各级联社名单见表5-2。

表5-2 中华全国手工业合作总社下属各级联社第七届常务理事单位

上海市			黑龙江省	
上海市城镇工业合作联社	上海市生产服务合作联社	上海市工业合作联社	哈尔滨轻工集体企业联社	黑龙江省二轻集体企业联社
辽宁省			河北省	
沈阳市轻工集体工业联社	辽宁省城镇集体工业联社	大连市轻工集体工业联社	河北省轻工集体工业联社	
甘肃省			宁夏回族自治区	
甘肃省手工业联社			宁夏回族自治区工业合作联社	
四川省			吉林省	
四川省工业合作联社		成都市工业合作联社	长春市手工业合作联社	
江苏省			海南省	
江苏省城镇集体工业联社		南京市城镇集体企业联社	海南省二轻集体企业联社	
广东省			天津市	
广州市二轻集体企业联社		广东省城镇集体企业联社	天津市城市集体经济联合会	天津市二轻集体工业联社
北京市			福建省	
北京市手工业生产合作社联合总社			厦门市二轻集体企业联社	福建省城镇集体工业联合社
云南省			山西省	
云南省城镇集体企业联社			山西省城镇集体工业联合社	
重庆市			浙江省	
重庆市工业合作联社			浙江省手工业合作社联合社	杭州市手工业合作社联合社
青海省			山东省	
青海省手工业合作社联合社			山东省轻工集体企业联社	青岛市二轻集体企业联社
湖北省			湖南省	
武汉市工业合作联社			湖南省城镇集体工业联社	
陕西省			广西壮族自治区	
西安市工业合作联社			广西二轻工业联社	
江西省			陕西省	
江西省手工业合作联社			陕西省手工业合作社联合社	

资料来源:根据《中国集体经济》2011年第6期整理。

(十一)农村社区股份合作社

农村社区股份合作社是将农村集体所有的经营性资产以股权的形式量化给每个村级集体组织成员,从而形成全体社区居民(农民)所有、民主管理、民主决策、独立核算、自主经营、风险共担的新型合作经济组织。农村社区股份合作社遵循股份合作制的原则,一般以村级组织为单位,也有的以村民小组为单位。农村股份合作社的大发展时期是20世纪90年代,主要是一些比较富裕的村,把村集体中无法分割或没有承包到户的资产,以股份的形式按照一定的规则平均分配给每一个社区成员,年底按股分红。尽管各地的做法不完全相同,但总的来看都体现了加强农村集体资产经营管理这个核心,体现了资产保值增值、增加农民收入的目标。进入新世纪以后,尤其是《中华人民共和国农民专业合作社法》出台后,一些地区还根据该法对社区股份合作社进行了规范,如江苏省在2011年出台了《江苏省工商局关于农村社区股份合作社登记的指导意见》,主要是规范登记管理,促进其进一步发展。

(十二)农产品电子商务合作社

随着农民专业合作社的发展壮大和农民专业合作社信息化建设的推进,农民专业合作社电子商务正在逐步兴起,农产品网上交易电子商务平台发展较快。

农民专业合作社主要的电子商务活动是农产品的销售和生产资料的采购。在农产品销售活动中,其对象主要是个人客户和组织客户,采用B2B和B2C的混合电子商务模式,为个人和组织提供便利的农产品交易渠道,比如开通农产品网上零售店、"社超对接"系统、"社校对接"系统等;合作社生产资料的采购借用互联网,开通网络采购平台,提升采购活动的效率。

无论是产品的销售,还是生产资料的采购,都是通过电子商务的交易平台来实现的,打破了农产品销售和生产资料采购的地域局限性,也降低了交易成本。交易平台对贸易双方进行身份认证后,通过标准质量检测体系对农产品进行质量检测,并向贸易双方提供信息服务、中介服务、交易服务,对整个交易过程进行监控管理,保证交易的安全性和规范性。农产品供应体系的建立,使农产品生产规模化、标准化,保证了农产品的供应;第三方综合平台的建立,保证农产品的质量以及整个交易过程安全、规范地进行;交易双方通过规范化的交易,加强彼此的合作,有助于电子商务供应链体系的建立。农产品电子商务平台供应链如图5-1所示。越来越多的省份根据自身农产品的特色,与各大知名电商合作,共建电子商务平台。如淘宝网的"特色中国"板块,云集了全国各地的特色农产品、土特产,它是典型的"农民专业合作社+电子商务"的运作模式,不仅扩大了农产品的销路、推动了当地农村富余劳动力的就业,并且提供电商操作的相关培训课程,提高了当地农民的电子商务营销能力。

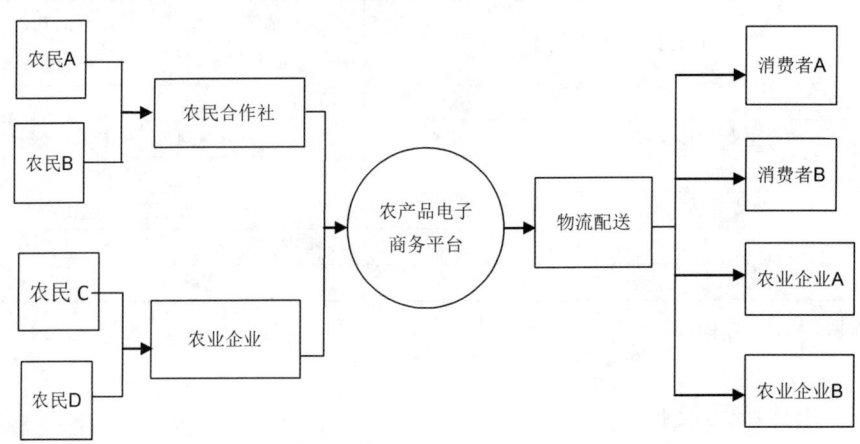

图5-1 农产品电子商务平台供应链

(十三)农产品期货合作社

目前,我国大部分粮食品种已经放开价格,棉花也逐步实现市场化改革,市场经济活动充满了风险和不确定性,尤其是农产品,生产周期长,受天气影响很大,天灾减产无收,丰收了粮多价贱愁卖,市场价格波动给农民的利益造成了很大风险。特别是我国加入WTO以后,农民面临国内、国外两个市场的竞争,价格波动更加剧烈。

农民与商业性的公司一样,能够通过期货市场进行套期保值,来分散农产品价格风险。例如,在存在期货市场的条件下,农民在播种小麦的同时,可以预先在期货市场上卖出与他预计的小麦产量数量相等的小麦期货合约。如果收获季节小麦价格下跌,农民在期货市场上的收益将能完全或部分弥补在现货市场上的损失。农民是农产品现货市场的主体,如果没有一定数量的农民进入期货市场,就很难说农产品期货市场的发育是完善的。但是,在今后较长的时间内要使一定数量的农民直接从事期货交易是不现实的。

发展农产品期货合作组织是目前发达国家常用的做法,美国、日本都有农民合作社,为农民利用期货市场规避风险提供了便利条件。美国农民参与期货市场的方式有多种,大的农场主资金实力雄厚,信息来源充足,可以直接参与期货市场,但大多数农民则是通过合作社的形式间接参与期货市场。据统计,美国目前有近2000个谷物合作社,控制了国内谷物销售量的60%。农民一般预先和合作社签订合同,将粮食按某一约定价格销售给合作社,合作社则通过期货市场规避价格风险。

农民利用期货市场的关键是把分散的农民组织起来参与期货市场,从而解决小生产同大市场之间的矛盾。我国农民无论从知识层次上,还是资金实力上,都不具有直接参与期货市场的条件。因此,我们可以借鉴国外经验,根据当地的资源优势和农业发展的特点,鼓励农民成立各种不同类型的农产品期货合作组织,由农民自己经营管理,把分散的农民组织起来。合作社可以帮助农民利用期货市场规避风险,并为农民提供更多的市场信息和有价值的建议。

(十四)中国工合国际委员会

中国工合国际委员会(International Committee for the Promotion of Chinese Industrial Cooperatives),简称工合国际(ICCIC),是国内现存历史最悠久的全国性社会组织和国际性社团组织。当年为支援中国人民抗日战争,争取海外援助,促进中国工业合作社运动,宋庆龄与国际友人发起,1939年在香港成立中国工合国际委员会。1952年因全国合作总社成立等原因,工合国际停止活动。1987年工合国际为配合国家改革开放发展战略而恢复,1988年党中央明确规定工合国际统战等工作由中共中央统战部指导,主要从事促进城乡合作社发展、促进国内外合作事业、扶贫、妇女培训、生态环境、灾后重建等社会公益事业。

该组织的宗旨是:促进城乡合作社的发展,通过合作社实现经济与社会公平,缩小贫富差距,建设和谐社会。具体任务包括:宣传和推行国际通行的合作社原则,探索适合中国国情的合作社发展道路;促进各种类型和各种形式的合作社组织的发展;推动合作社法规、政策的调整和完善,为合作社发展营造良好的政策和法律环境;开展合作社教育和培训;提供合作社咨询服务,促进合作社支持系统的建立和发展;支持合作社理论与实践的研究;加强国际联系,促进国内外合作社的交流与合作,争取对中国合作社发展的国际支持;关注和致力于减少贫困、妇女参与、生态环境保护、灾后救助、食品安全和行业自律等公益事业。

自1987年在北京恢复组织活动以来,工合国际近年来为改革开放事业再作贡献。例如支持各地合作社的发展,组织合作社培训,促进合作社规范化建设,执行生态环境项目,实施妇女发展项目,援助灾后重建,开展国际交往,等等。

(十五)农民文化劳务合作社

农民文化劳务合作社是为民间文化艺术提供指导服务的农民专业合作社,可以通过项目支撑、产业带动,推进当地民间艺术文化活动的社会化、市场化、产业化进程,打造新的民间文化产业品牌。全国首家农民文化劳务合作社——"睢宁县乡韵农民专业合作社"于2014年1月在江苏省徐州市睢宁县成立。睢宁乡韵农民文化劳务专业合作社是自我表现、自我教育、自我服务、自我发展、自娱自乐、自负盈亏、自愿联合、民主管理,扎根农村,自下而上的文化自助性、互助性合作经济组织,目前由民间文化、民间艺术、特色餐饮及基层供销为农服务分社等13个分社组成,单位成员37个,农民成员260个。该合作社坚持"三农"服务的发展方向,在提高农民组织化程度上发挥作用,重在打造服务品牌、不断拓展业务,带领农民挖掘和传承乡土文化,走上富裕之路。

二、其他类型合作经济组织在发展中存在的问题

可以看出,我国各种类型的合作社近年来有了较大的发展,但也存在不少问题,具体来说有以下几点。

(一)无统一统计口径

目前关于合作经济组织的统计数据中,对于其他类型合作经济组织的统计缺乏统一性,统计数据较少,内容较为笼统,成为研究其他类型合作社的障碍之一。

(二)无合法身份确认

大量的合作经济组织是在无合法身份的状态下运作的,导致合作经济组织难以与其他经济主体签订合同,难以获得正规金融机构的资金支持,使原有的资金短缺问题更为突出,阻碍了合作经济的发展步伐。

(三)合作社发展不充分,功能有待完善

目前许多合作经济组织的业务活动单一、服务领域狭窄、产业链不够长。一方面,多数合作经济组织主要是自身领域内生产者或经营者的合作,业务范围向后延伸和向前延伸的合作经济组织很少见,导致这些合作经济组织的业务能力和影响力都不够。另一方面,受经济实力、科技投入、市场风险等影响,大部分合作经济组织在发展加工、销售等附加值方面投入不足。

(四)人才匮乏

合作经济组织发展离不开专业人才,但是,目前在我国合作经济组织发展中,农村人口的文化水平相对于城镇人口来说总体偏低,事实上,对于合作经济组织的领办人都应该是具有创新能力、市场意识、管理经验,并且懂生产、有技术、会管理的复合型人才,而这类人才往往很难得,人才的匮乏成为制约各类合作经济组织发展的绊脚石。

(五)运转资金不足

大部分专业合作社的成立发展,需要投入大量的资金进行设备的购置,同时机械的折旧、维修、油料等都需要大量资金来保持运转,但是当前不少专业合作社由于受到经营资金运转不力、

资金回流不够及时等一系列的影响，容易出现资金短缺的问题，影响了专业合作社的持续发展。

三、促进其他类型合作经济组织可持续发展的对策

其他类型合作组织的可持续发展可从以下几个方面考虑。

（一）尽快出台综合性的合作社法

要修改完善《中华人民共和国农民专业合作社法》，使这部法律尽可能地容纳现有农民合作的内容，促进多元化、多类型农民合作社的发展。从全球来看，许多国家政府接受罗虚戴尔消费合作社原则，制定了合作社法，提倡发展合作经济，让广大劳动群众，通过互助合作提高收入水平，改善生活，走向共同富裕。根据国际合作社运动发展的成功经验，我国各级政府必须要给广大城乡劳动群众组织各种合作社的结社权，让其自主地广泛发展各类合作社组织，通过互助合作，增强其求生存的能力。

我国立法部门应抓紧起草制定一部综合的合作社法，对众多劳动群众办合作社（消费合作社、住宅合作社、信用合作社、手工业合作社、运输合作社、幼儿合作社、托老合作社等）提供指导和法律保护，通过制定《中华人民共和国合作社法》，促进广泛发展合作经济，以增加就业，促进和谐社会的建设。

（二）深入理论研究，统一统计口径

目前针对农民专业合作社的研究较多，针对其他类型合作经济组织的研究相对较少。随着市场经济的发展，新形式、新类型的专业合作社也在不断呈现，因此对其他类型合作经济组织的进一步研究有着积极的现实意义。在统计数据的获取上，也要统一统计口径，以便能够更全面、更详细地获取相应的统计数据，使理论研究能更直观、更深入。

（三）不要用某一固定模式限制合作社的发展

既然合作社是实践中的现实选择，那就不存在一个固定的模式，应该允许自由选择合作方式。不同类型的合作社，不管合作深度、合作内容、合作形式如何，只要对群众有益，都应该鼓励。对于符合规范的合作社，政府可以用委托项目等方式进行鼓励，但对于不完全符合规范的合作社，要承认广大农民选择的自由，承认其合作精神和合作行为的合理性。

（四）加大对合作社发展的支持力度

相关部门如农业、工商、财政、税务、金融、交通、国土、电力、外贸、供销、粮食等单位要各司其职、相互配合，促进各部门的协调，形成一套有效的针对合作社的管理和服务系统，给予财政、税收、金融等方面的政策支持。要在充分调查研究各类合作社发展中存在的问题的基础上，采取一系列配套的政策，支持合作社的可持续发展。

首先，地方政府和各级供销社应联合高校、企业等单位，加强与合作社的协调和指导，在产业发展基础良好、农民有合作倾向，但合作方式不明朗的地区，地方政府和各级供销社要在寻找合作途径、选择合作社领办人、协助制定合作社章程等方面做一些实实在在的工作，推进合作从萌芽状态进入现实状态。其次，处于发展初期的微小型合作社最渴望得到支持。乡镇经管部门要雪中送炭，在信贷资金、税收优惠、项目选择等方面给予切实支持，促进其由小变大，由弱变强。最后，县级经管部门在农闲期间要加强对合作社领导人和部门工作人员的培训，使其逐步掌握经营管理、财务会计、谈判技巧等专门知识。

参考文献

[1]徐宝山.探索土地股份合作 构建脱贫长效机制[J].中国农民合作社,2019(12):50—52.

[2]曾博,毛瑞男.农民专业合作社普通成员利益实现及保障机制研究[J].上海经济研究,2021(04):43—54.

[3]陈光燕,司伟.新型农村合作医疗保险对农村中老年人照料孙子女的影响[J].农业技术经济,2021(09):102—114.

[4]徐建青.中华人民共和国第一次手工业普查简析[J].中国经济史研究,2019(06):138—145.

[5]谢彦明,张连刚,张倩倩.农业多功能视域下乡村振兴的逻辑、困境与破解[J].新疆农垦经济,2019(04):5—15.

[6]张秀青.美国农业保险与期货市场[J].中国金融,2015(13):74—76.

[7]杨崇崇.电子商务发展经营背景下农民合作社创新发展问题研究[J].农业经济,2021(03):139—140.

[8]柯马凯.一起干:国际友人与中国工合运动[J].国际人才交流,2020(07):58—61.

[9]杨团.此集体非彼集体(下)——探索多元化的农村集体产权改革道路[J].经济导刊,2018(11):42—49.

[10]易棉阳.社区型股份合作社与农民专业合作社的比较研究[J].华中农业大学学报(社会科学版),2018(06):48—54+153.

第六部分 家庭农场发展研究报告

党的十八大以来,党中央、国务院高度重视培育发展家庭农场。习近平总书记指出,要抓住实施乡村振兴战略的重大机遇,坚持农业农村优先发展,夯实农业基础地位,深化农村改革。要突出抓好家庭农场和农民合作社两类农业经营主体发展,推进适度规模经营,深化农村集体产权制度改革,发展壮大新型集体经济。2020年的中央一号文件中明确提出"发展富民乡村产业","重点培育家庭农场、农民合作社等新型农业经营主体"。2020年3月,农业农村部印发了《新型农业经营主体和服务主体高质量发展规划(2020—2022年)》,对家庭农场、农民合作社、农业社会化服务组织等新型农业经营主体和服务主体的高质量发展作出了具体规划,截至2019年年底,全国家庭农场数量超过了70万家,在此规划中,进一步提出到2022年,全国家庭农场数量要达到100万家的目标。家庭农场作为一种新型农业经营主体,以农民家庭成员为主要劳动力,以农业经营收入为主要收入来源,利用家庭承包土地或流转土地,从事适度规模化、集约化、商品化农业生产。这种形式保留了农户家庭经营的内核,既坚持了家庭承包责任制的基础地位,又有利于克服传统农业土地细碎化、经营效益低的不足,是发展农业适度规模经营的有效形式,适合我国基本国情,符合农业生产的特点,契合农业现代化发展的趋势,家庭农场的兴起和发展是适合我国农村生产力和生产关系发展阶段的产物。

一、家庭农场的特征、类型和发展意义

(一)家庭农场的普遍特征

2013年中央一号文件提出,坚持依法自愿有偿的原则,引导农村土地承包经营权有序流转,鼓励和支持承包土地向专业大户、家庭农场、农民合作社流转,发展多种形式的适度规模经营。作为一种新型农业经营主体,家庭农场通常定义为:以家庭成员(夫妻、父子、兄弟)为主要劳动力,从事农业规模化、集约化、商品化生产经营,并以农业收入为家庭主要收入来源的新型农业经营主体。

家庭农场本质上属于农业经营主体,是产业组织的一种类型,其主要有四大特征。一是家庭经营。家庭农场主要依靠家庭成员从事生产,即使有雇工也只发挥辅助作用。二是以农业为主营业务。家庭农场专门从事农业生产,主要进行种养业专业化生产,经营管理水平较高,示范带动能力较强,具有较强的商品农产品生产能力。三是以集约生产为手段。家庭农场经营者具有一定的资本投入能力、农业技能和管理水平,能够采用先进技术和装备,经营活动有比较完整的财务收支记录。这种集约化生产和经营水平的提升,使得家庭农场能够取得较高的土地产出率、资源利用率和劳动生产率,对其他农户开展农业生产起到示范带动作用。四是适度规模经营。由于家庭农场有较大的种养规模,能够使经营者获得与当地城镇居民相当的、比较体面的收入。

(二)我国家庭农场的特点

当前我国家庭农场的发展除了具备一般意义的特征之外还表现出了中国自身的特点,这些特点反映着我国经济社会发展的现状。

1.土地所有权和经营权分离

土地所有权和经营权的分离是中国家庭农场发展的基本特征。作为土地流转的对象,农村土地的所有权为集体所有,家庭农场经营者流转而来的土地只有使用权而没有所有权,这是与西方发达国家家庭农场实行土地私有制的根本不同点。但是土地私有与家庭农场的发展之间没有必然的正相关关系。土地私有的最大制度优势在于家庭农场的经营者能够充分保证经营的稳定性和持久性,对于保障农业生产、促进农业良性发展有着重要的作用。但是土地私有化并不是家庭农场发展的必要条件,法国和日本两国家庭农场发展的经验表明,土地使用权的流转能够以更小的代价实现土地流转。家庭承包经营权长期不变的政策保证了土地权属关系的稳定,正如黄少安所指出的,在维持现有基本土地产权制度不变的前提下,无论是在经验上还是在逻辑上,在法律严格保护下无限延长的土地经营权,与所有权的含义并没有什么差别。这一判断可以理解为当前农户承包集体土地的经营权在法律保护下基本等于土地的所有权,而农户流转到家庭农场的经营权是有期限的,逆向而言,在一个可预见的时间期限内,家庭承包的经营权(所有权)还是要回到农户手中的。基于此,可以得出"农地私有化只是土地流转和集中的充分条件,而不是必要条件"的结论,即土地私有化有助于土地流转和集中,但是土地流转和集中不止土地私有化这一条道路。在中国这样一个农业大国,坚持农村土地集体所有制对于稳定农村发展农业有着极其重要的意义,不能因为需要发展家庭农场而废除土地集体所有制。

2.带有一定的探索性

家庭农场在新中国已经经历了30多年的发展,但是21世纪之前的家庭农场更多地局限于国营农场,范围扩大到全国农村的家庭农场是一个新的研究课题。考察美、法、日、俄、英等国,对于家庭农场均有着较为明确的定义。但是迄今为止,学界与官方并未形成对家庭农场统一的定义,农业部2013年对全国家庭农场调查的指标成为官方界定的唯一参考,而全国各地兴起的家庭农场也千差万别,各地根据本地实际发展家庭农场形成的5种模式也在一定程度上印证了当前的家庭农场发展带有一定的探索性。

3.规模较小

城镇化的推进能够促进农村人口转移,从而空置出更多的土地进行规模化生产。但是目前中国的城镇化平均水平仅为51%左右,而在中西部地区这一比重更低。当前中国的城镇化处于加速推进期,城镇化率与发达国家相比仍处于较低水平,这就从根本上制约着中国家庭农场经营规模的扩大。根据农业部的调查,我国家庭农场经营耕地面积达到1.76亿亩,占全国承包耕地面积的13.4%,平均每个家庭农场有劳动力6.01人,其中家庭成员4.33人,长期雇工1.68人。据土地资源网(中国)公布的信息,2010年美国的农场约有220万个,农场占地面积为3.72亿公顷,平均每个农场的面积为169.16公顷。中美人口密度和城镇化水平的差异直接影响着两国家庭农场的规模。

4.地区发展不平衡

发展家庭农场的条件决定了家庭农场发展的不平衡,就目前5种模式而言,除吉林延边模式外,其他 4 种均处于经济发展水平较高的、城镇化率较高的长江中下游地区(安徽郎溪、上海松江、浙江宁波、湖北武汉)。家庭农场的发展与城镇化水平的发展密切相关。相关数据显示,在非农就业率较高、城镇化水平较高的地区家庭农场发展的水平也较高。见表 6-1。

表 6-1 不同地区土地流转比例

地区	上海	北京	浙江	重庆	江苏	湖南	湖北	安徽	江西	河南	山西
土地流转比例(%)	59.3	46.3	38.9	36.2	34.2	21.4	14.6	14.2	13.76	13.39	5.77

5. 发展水平不高

西方发达国家的家庭农场有着强大的工业实力、较高的城市化水平和高素质的职业农民为其提供源源不断的支持。较之于西方发达国家,中国家庭农场的发展仍处于较低水平。家庭农场是以家庭成员为主要劳动力的经营方式,这意味着家庭成员必须借助社会化的力量组织生产经营活动,这对家庭农场经营者的素质提出了很高的要求,经营者不仅需要掌握基本的农业生产技能,还要能够以市场化的思维经营管理农场。因此,家庭农场在本质上是一个以农业生产为主的市场化组织。当前,中国农村劳动力的主力军是 50 后、60 后群体,丰富的小农户经营经验和匮乏的现代化管理理念在这个群体身上相互交织。

农业劳动生产率是家庭农场发展的重要指标,发展家庭农场组建现代化的农业生产经营体系的主要目标就是提高农业劳动生产率,如果家庭农场与一家一户的小农经营劳动生产率相差无几那就失去了发展家庭农场的意义。以美国为例,仅占美国人口 1.8% 的农民不仅养活了近 3 亿美国人,而且还使美国成为全球最大的农产品出口国,世界各国粮食进口总量的一半来自美国。目前,中国只有吉林延边和上海松江的家庭农场劳动生产率能够比肩欧美国家。

6. 土地租金高

近些年,土地租金呈现出逐年攀高趋势。调查显示,2013 年土地流转平均租金每亩为 601 元;2014 年为 672 元,同比增长 11.8%;2015 年为 738 元,同比增长 9.8%。近三年的涨幅在 10% 左右。由于土地租金较高,大部分的家庭农场主表示土地流转面临困难。其中以"土地流转集中连片难"和"流转价格上涨太快"为主要问题,其次是"土地流入难""流转时间短""土地续租难"。因此,大多数家庭农场主最希望能通过村委会或在政府帮助下进行土地流转。

7. 家庭农场用工较难

从全国家庭农场的情况来看,家庭农场自家劳动力一般在 2~4 人;常年雇工 1~5 人,平均工资为每人每天 106 元;临时性用工 6~10 人,平均工资为每人每天 127 元。从用工情况看,接近 90% 的家庭农场主表示"用工方面存在困难"。其中绝大部分的家庭农场主表示"找不到好的工人"是最大的困难,一些家庭农场主表示"工人工资增长太快",少部分家庭农场主表示"季节性用工""工人年龄偏大""技术工人难留"也是发展面临的困难。

8. 资金筹措困难

从资金来源看,绝大数家庭农场主以自有资金、信用社借贷为主,其次是亲友借款、银行借贷和民间借贷。从资金筹措情况来看,90% 的家庭农场主表示在经营过程中"遇到过资金困难",主要通过向信用社借贷、亲友借款、银行借贷和民间借贷解决。其中,大部分被调查家庭农场主表示向银行贷款存在额度小、利息高、缺乏抵押物、授信担保难、手续繁杂等问题。

(三)家庭农场的类型

"家庭农场"是一个非常广泛的概念,我国幅员辽阔,各地自然气候、环境资源、经济发展状况差异很大。我们从地理环境、大农业资源和经营方式等经营角度,对今后在国内可能会发展起来的"家庭农场"的一些主要类型进行简单的盘点和说明。

1.根据地理环境的差异

(1)都市型家庭农场

位于都市边缘的"家庭休闲农场",其区位好、交通便利,农场主有较为专业的能力;自然条件优异,基础设施完备,主要满足城市居民休闲放松,提供养生、生态教育、欣赏田园风光的服务。

(2)过渡型家庭农场

位于城市"卫星"的乡镇,以设施农业为主要经营业态,区位好、投资大、希望和风险并存、可以建立新的经营模式,可以培育消费者新的观念,不会受限于传统农业的旧观念,吸引消费者以更高的价格购买新创意农产品。

(3)乡村型家庭农场

该类型家庭农场更趋向于传统农业文化,属于体验型的农业;着重展示乡村具有的传统文化、乡村独有的特色农业、乡村的传统节庆等;基于繁荣乡村经济、传播农耕文化的同时,承载着建立特色乡村、提升农民社会地位的任务。

(4)偏远型家庭农场

该类型家庭农场一般远离城市,交通不便,人口稀少,农业资源结构较单一,农业用地成规模、污染少、生态资源保护较好,适合发展较大规模、单一品种、集约化、机械化的"家庭农场";发展突破口是基础设施建设(道路、水利等)、品种改良。

2.根据大农业资源的区别

从这个角度可分为五种类型:家庭农场、家庭林场、家庭牧场、家庭渔场及其他类型(如家庭果园、家庭菜园、家庭茶园、家庭咖啡园、家庭药材园、家庭菌园、家庭花园、家庭桑蚕园、家庭苗圃、家庭养殖园等)。

3.根据经营方式的不同

(1)单纯生产型

单纯生产型的家庭农场,以农产品的种植、养殖为核心,以出售初级农产品为主要经济来源。

(2)参与互动型

参与互动型的家庭农场,利用农业景观、自然生态和环境资源,结合农村生产、农业活动、农业文化及农业生活,提供除农产品以外的互动参与,是结合农业生产、农村生活和农产品加工等于一体的家庭农场,如家庭观光农场、家庭教育农场、家庭休闲农场、家庭加工农场等。

我们对一些较有代表性的家庭农场进行了调查和总结,具体情况如表6-2所示。

表 6-2 家庭农场发展示例

代表地区	户/每个农场	亩/户均	万元/年收入	特点
上海松江	1200	100～150	7～10	政府推动,土地流转比例高;持证上岗,培育职业农民
浙江宁波	600	>5	50	市场主导,成立公司;有自主商标
安徽郎溪	216	>5	10	可通过租赁、承包或者经营自有土地实现规模经营
湖北武汉	167	15～500	20	以承包、投资入股等形式集中分散的土地实现规模经营
吉林延边	451	1275	>10	享受国家扶持政策较多,税收优惠

上海淞沪采取以农户委托村委会流转的方式,将农民手中的耕地流转到村集体。土地流转到村委会后,由区政府出面将耕地整治成高标准基本农田,再将耕地发包给承租者。

宁波作为最早探索发展家庭农场的地方之一,其家庭农场发展的最大特点是市场自发性。20世纪90年代后期,一些种植、养殖大户自发或在政府引导下,将自己的经营行为进行工商注册登记,寻求进一步参与市场竞争的机会,从而演变成家庭农场。

从2009年起,郎溪县连续3年安排项目资金90万元,在全县优选10个家庭农场,每年为每个农场投入项目资金3万元,开展示范家庭农场建设。实行家庭承包经营后,农民家庭通过租赁、承包或者经营自有土地实现规模经营的形式。成立"郎溪县家庭农场协会",创建科技示范基地,目前已创办示范农场20个。

2011年确定武汉市"支持发展家庭农场等新型经营模式",鼓励农村有文化、懂技术、会经营的农民,通过承包、投资入股等形式,集中当地分散的土地进行连片开发。家庭农场主必须是武汉市农村户籍农户,具有高中及以上文化水平等,按用地分类实施农业生产模式。

从2008年开始,延边州在全州范围内探索家庭农场模式。农村种田大户、城乡法人或自然人,通过承租农民自愿流转的承包田创办土地集中经营的经济组织,可享受各项国家农业财政补贴政策和相关税收优惠政策等。

(四)发展家庭农场的意义

党的十九大报告提出了要保持土地承包关系稳定并长久不变,第二轮土地承包到期后再延长三十年,同时还提出要实现小农户和现代农业发展有机衔接。这一论述明确指出家庭经营依然是中国现代农业经营的基础,实施乡村振兴战略,只有在坚持农户家庭经营的基础上才能实现。"农业劳动不仅需要丰富的经验和技术,更需要高度的责任感、自觉性、主动性和灵活性。而家庭特点与农业生产特点相吻合,决定了家庭是经营效率最高、风险最小、成本最低的农业经营方式。"

一是有利于促进农村土地的适度规模化经营。当前农村土地流转困难的一个重要原因在于随着城市化进程的加快,农村土地价值日益凸显,农民对手中的土地价值有着较高的预期。由于我国农村土地产权制度不健全等原因,农民担心土地流转后失去手中的土地,宁愿土地抛荒也不愿意流转手中的土地。家庭农场经营者一般以本地村民为主,农村宗族关系和血缘关系的道德约束作用使家庭农场经营者具有较高的可信度,降低了土地流转的风险和交易成本,因而更有利于土地流转。家庭农场等以农民为主体的农业适度规模经营主体的发展壮大,也有利于抵制工商业资本进入农业挤占农民利益的不良倾向。

二是有利于缩小城乡收入差距。家庭农场是专业务农的市场化新型农业经营主体,以收益最大化为目标,按照企业管理模式来核算成本、加强管理,可以降低生产成本,促进农业集约化、商品化发展,从而改变作为微观主体的农户在市场谈判中的弱势地位,提升农户在市场中的竞争力,有效克服农业小生产与社会化大生产、大市场经济、规模效益之间的矛盾,为农户经济与现代农业和市场经济之间架起一座桥梁,使农户在农业价值链分工下的利益分配格局中处于有利地位,有利于提高农业生产经营效益,增加农民收入,缩小城乡收入差距。

三是有利于吸纳农村剩余劳动力,促进农村剩余劳动有序转移。一方面,在我国目前农业生产技术水平不高的条件下,家庭农场仍然需要较多的劳动力,特别是在农忙时。家庭农场经营者一般以本地村民为主,农村普遍存在的宗族关系和血缘关系使农场经营者倾向于在农忙时雇用当地劳动力特别是留守在农村的老弱妇劳动力。另一方面,家庭农场具有较高的经营效益,能够吸引一部分农村青壮年劳动力留在农村从事家庭农场生产经营,有利于避免农村劳动力无序盲目流向城市。而农村剩余劳动力向城镇的有序转移,又为家庭农场扩大生产经营规模、发展壮大创造了有利的条件。因此,发展家庭农场有利于农村富余劳动力平稳有序转移,促进新型城镇化和农业现代化协调发展。

四是有利于农产品加工企业生产原料的有效提供。家庭农场专注于农业生产环节,是商品性农产品的主要提供者。农产品加工企业获得生产原料、发展订单农业,更加愿意与家庭农场这样有规模的原料供给者打交道,使其原料供给在数量和质量上得到保障,交易成本更加低廉、供给更加稳定。实践中,很多龙头企业都将家庭农场作为原料基地,克服小规模农户生产经营波动大、生产方式不规范和质量安全难保障且违约率高的风险和缺陷。2016年,2998家农场中有近1/4(24.39%)与龙头企业有联系;在与龙头企业有联系的农场中28.39%的农场获得了龙头企业的技术指导,21.15%的农场获得了农产品销售。

五是有利于生态农业技术的使用和农业绿色的发展。2016年,进行灌溉的种植类和粮食类农场中,采用喷灌技术(含微喷滴灌渗灌)进行灌溉的农场占比分别为36.59%和19.50%,亩均化肥用量低于或者等于周边农户的农场合计占83.93%。就亩均化肥用量而言,至少40%的家庭农场在"减量"使用;418家养殖类农场中,利用粪便发酵做有机肥、饲料和沼气,或者运输到附近加工厂再进行资源化、综合循环利用和无害化处理的农场占比近八成(79.05%)。

二、家庭农场与其他经营主体的关系

(一)家庭农场认定标准

1.土地流转以双方自愿为原则,并依法签订土地流转合同。

2.土地经营规模:水田、蔬菜和经济作物经营面积30公顷以上,其他大田作物经营面积50公顷以上。土地经营相对集中连片。

3.土地流转时间:10年以上(包括10年)。

4.投入规模:投资总额(包括土地流转费、农机具投入也等)要达到50万元以上。

5.家庭农场经营者准入条件。

(1)户籍条件:具有本镇户籍的农业户口家庭,至少有2名或2名以上的家庭成员共同经营。

(2)年龄条件:男性25~60周岁,女性25~55周岁。其中须有1人年龄在:男性57周岁以下,女性52周岁以下。身体健康,有劳动能力。

(3)技能条件:取得农机驾驶证以及农业产业化经营资格的专业农民培训证书,或经过培训取得水稻、二麦、油菜、绿肥等四门以上单科结业证书。

(4)经营能力:具备相应的生产经营能力和一定的农业生产经验,掌握必要的农业种植技术和熟练使用农机具;有承担风险和预付土地承包费的能力,信誉程度在村民中有较好的评价。

6.有符合创办专业农场发展的规划或章程。

各种类型家庭农场的具体要求:

(1)种植业:经营流转期限5年以上,并集中连片的土地面积达到30亩以上。其中,种植粮油作物面积达到30亩以上,水果面积50亩以上,茶园面积30亩以上,蔬菜面积30亩以上,食用菌面积达到1万平方米,或10万袋以上。

(2)禽畜业:生猪年出栏1000头以上,肉牛100头以上,肉羊500只以上。家禽年出栏10000只以上,家兔年出栏2000只以上。

(3)水产业:经营流转期限5年以上,且集中连片的养殖水面达到30亩以上,特种水产养殖水面达到10亩以上。

(4)林业:山林经营面积500亩以上,苗木花卉种植面积30亩以上,油茶80亩以上,中药材种植30亩以上。

(5)烟叶:种植面积达到200亩以上。

(6)综合类:

①种养结合的综合性农场,应含种植业、禽畜业、水产业、林业、烟叶类型中的2种以上,并且每种类型达到相应规模的二分之一以上。

②旅游,特色种植,休闲观光为一体的综合性农场,面积10亩以上,餐饮住宿设施齐全。

7.家庭农场技能培训、财务收支记录、示范带动等标准。

大多数省市没有就上述标准做出规定,只有重庆等少数省市做出相关规定,如家庭农场经营者应接受过农业生产经营技能培训,家庭农场经营活动有比较完整的财务收支记录,对其他农户开展农业生产经营有示范带动作用等。

此外,浙江、安徽等省还出台了示范性家庭农场的认定办法。如浙江省在《浙江省示范性家庭农场创建办法(试行)》中规定,省示范性家庭农场创建必须是县级以上示范性家庭农场、专业从事农业生产3年以上;采用先进实用技术,先进科技应用面达到90%以上;土地产出率、劳动生产率高于同行业全省平均数的30%以上。安徽省在《安徽省示范家庭农场认定办法(试行)》中规定,粮油集中连片规模在200亩以上,土地流转年限在5年以上;家庭农场年纯收入10万元以上,其成员年人均纯收入高于本县(市、区)农民人均纯收入40%以上。

乡(镇)政府对辖区内成立专业农场的申报材料进行初审,初审合格后报县(市)农经部门复审。经复审通过的,报县(市)农业行政管理部门批准后,由县(市)农经部门认定其专业农场资格,做出批复,并推荐到县(市)工商行政管理部门注册登记。

家庭农场认定标准明确,对一味追求土地经营规模、资本雇工农业变身家庭农场等现象有了更好的整顿,有效避免了"冒充"家庭农场的现象。这对我国家庭农场的健康快速发展有非常重要的意义。

(二)家庭农场与小农的关系

在众多的研究中,小农经营与家庭农场的关系始终是一个绕不开的问题,主要原因在于各国人均土地面积的巨大差异。如联合国粮农组织(FAO)就将小农经营归为家庭农场的类别。由于土地的集体所有属性,导致家庭农场与小农经营在土地所有权层面上的根本特征是一致的,且前者是后者的一种延伸。但就两者的表现形式和表现特征而言,家庭农场与小农经营(小规模经营)有着天壤之别,我们可以选取经营的规模化、专业化、商品化和社会化四个维度进行比较。见表6-3。

表6-3 小农经营与家庭农场的四维度比较

指标	规模化	专业化	商品化	社会化
小农经营	自有土地为主	兼业经营	自给自足为主	程度低
家庭农场	流转土地为主	专业经营	市场销售为主	程度高

从四维度进行比较的话,小农经营无论是土地经营规模、专业化和商品化程度以及社会化程度都明显难以与家庭农场经营相比。土地流转机制下的土地集中形成的规模效应是家庭经营的基础,由此形成了以市场为导向的商品化趋势,而专业化与社会化的经营特征则降低了经营的管理成本。简而言之,流动性家庭农场是小农经营的升级,这种升级已经出现了质的飞跃。

(三)家庭农场与职工家庭农场的关系

当前,无论是农民专业合作社还是专业大户或是家庭农场,都是在家庭联产承包责任制的基础上演变而来的。这种演变的过程不仅是经营规模的扩大,还包括产品的市场导向和生产过程的现代化与专业化等方面,而在国营农场中发展职工家庭农场本质上是家庭联产承包责任制在国营农场中的表现,职工家庭农场实际是有较大生产规模的承包大户,是大农场里的小农场。因此,从这个意义上讲,家庭农场与职工家庭农场有着很深的发展渊源,两者在产品的商品性这个核心特征上存在一致性。见表6-4。

表6-4 职工家庭农场和家庭农场六维度比较

指标	职工家庭农场	家庭农场
土地形成	国营农场(国有土地)	租赁为主,自有土地为辅
生产规模	规模较大	规模适度
产品属性	商品交易为主	商品交易为主
组织主体	职工家庭	农户家庭
经营领域	粮食、橡胶生产为主	种植业为主
风险负担	自负盈亏	自负盈亏

家庭农场与职工家庭农场在土地所有权和产品用途方面还存在一定区别。家庭农场土地归集体所有,职工家庭农场土地归全民所有;家庭农场拥有产品的完全支配权,职工家庭农场拥有产品的部分支配权,部分产品要根据国营农场要求定额上交。但这并不妨碍我们将家庭农场作为职工家庭农场的发展的观点:虽然两者的土地权属不同,但从另一个角度讲,两者都没有土地所有权而只有使用权,这是区别也是共性;在此基础上,职工家庭农场经营的土地属于全民所有,理应上交部分产品作为使用土地的费用。因此,家庭农场的提法应该追溯到20

世纪80年代提出的职工家庭农场,两者在时间上存在连续关系,空间上存在延展关系,特征上存在共性关系。

三、家庭农场发展的制度动因与制度供给

家庭农场作为一种制度安排,其制度动因和现实条件包括家庭农场发展的制度动因和制度供给以及具体条件。

(一)家庭农场发展的制度动因

1.制度变迁的不确定性

制度变迁本身是不具备确定性的,即中国农业经营的方向是一个需要不断探索才能最终确立的过程,这就需要在制度渐进变迁的过程中尽量规避可能的风险。相较于欧美官方对家庭农场作出的规范性定义,中国政府对家庭农场没有给出确定的概念界定,使用的是农业部提供的框架性说明。同时,考察2013年中央一号文件,家庭农场并非作为单一的经营形式出现,而是与专业大户、农民合作社并列提出。以上种种都可以解读为政府部门对于农业经营形式改革的探索,多元化的经营方式虽可能造成管理上的不便,但是对于制度变迁则是相对可靠的选择。因此,制度变迁过程中的不确定性是家庭农场出现的一个重要动因。如同家庭联产承包责任制的出现并将其在全国推广一样,在去集体化的初期,官方对家庭联产承包责任制的兴起持"不支持、不反对"的态度,但是在这一制度的优越性得到肯定后才采取自上而下的方式推行。

2.小农户经营有向家庭农场转变的内在动因

农业的本质是动植物的生产和再生产,农业活动的根本特征是利用有构造的生命自然力进而利用其他自然力的活动。这种生产和再生产的过程受自然因素影响极大,难以实现工厂化的人为控制,这就需要农业生产者和经营者的身份尽可能保持一致。在工业化和城镇化发展初期,农业劳动人口众多,人多地少的局面难以有效改变,农业劳动力的综合素质以及农业机械化水平较低,这些因素都制约着家庭农场的发展。但是一旦出现土地闲置的情况,农民对土地天生的灵敏性与规模农业发展的其他要件进行组合,就会直接引发家庭经营规模的扩大。就这个意义而言,家庭农场只不过是生产规模更大、商品化更高、农业收入更多的家庭经营方式。

3.诱致性制度变迁是家庭农场的基础动因

新制度经济学认为,诱致性制度变迁指的是一群(个)人在响应由制度不均衡引致的获利机会时所进行的自发性变迁。研究表明,新中国成立以来,农村有效率的制度变迁主要是诱致性制度变迁。就家庭农场的发展而言,诱致性制度变迁中的"获利机会"主要是指农村资源分配出现了有利于变迁的变化,农村耕地资源的相对增加、农业与市场的密切和农业技术的提高与普及等现实条件都是家庭农场发展的诱致性变迁机会。较之于强制性制度变迁,由于诱致性制度变迁属于一种自下而上自发的变迁过程,其变迁的过程更为温和,对既有制度的冲击力更小,变迁成功的可能性更高。家庭农场的发展是一种典型的诱致性制度变迁,其优势在于良好的外部环境且这种外部环境能感知这种变迁,并迅速做出新的制度安排。

(二)家庭农场发展的制度供给

1. 土地流转制度是家庭农场发展的基础因素

农民工转移进城催生了土地代耕、闲置甚至撂荒现象的出现,但是在土地流转政策不明确的情况下,土地对农民生计保障的兜底作用会使其难以放心地将土地流转出去,因为大量的候鸟式农民工必须保证自己在城市找不到工作的情况下能够回到农村通过土地维持生计。这样,大量的土地会以代耕或者短期出租的形式利用。这一方面造成了家庭农场经营者对承包预期的担忧,难以实现规模经营,即使能够实现短期的规模经营也可能因为对预期不明的担忧而采取掠夺式的农业生产,破坏土地资源;另一方面分散的土地产生了较高的田坎系数(田埂面积占耕地总面积之比),从而造成土地浪费。发展家庭农场必然呼唤土地流转政策的规范。当前,土地流转政策是建立在农村土地集体所有不变基础上的,而长期不变的农村土地承包制度则起到了农民工返乡就业"蓄水池"的作用。因此对土地权属的确认和对流转期限的保障成为土地流转政策的重点。2003年3月1日起实施的《中华人民共和国土地承包法》中明确规定了在平等协商、自愿、有偿的原则下进行土地承包经营权流转,规定了流转方式、发包方和承包方的权利及义务以及承包合同的制定等方面。2005年3月1日起实施的《农村土地承包经营权流转管理办法》进一步细化了土地流转各项规定在实际中的运作方式。与此同时,各地根据本地实际情况制定了符合实际的土地流转规定,主要内容是对土地流转办法的细化。以家庭农场发展成熟的松江为例,2013年松江区政府出台了《关于进一步巩固家庭农场发展的指导意见》,对土地流转进行政策指导。松江区政府作为土地流转的枢纽,很好地协调了土地承包者和家庭农场经营者之间的关系,解除了土地流出者和流入者对土地使用权归属和经营期限的担忧,促进了土地流转的顺利进行。

2. 社会保障制度促进了土地流转

中东部经济较为发达的农村地区,土地能够顺利流转有政策性的因素,同时也需要从农民生活保障体系完善的角度考察。农民预期收入不足给土地赋予了较强的社会保障功能,土地对处于"钟摆式"就业状态的农民工而言能够使其"进退有据"。千百年来,土地始终是中国农民安身立命的依靠,将土地的使用权在一个较长的时间段内流转给家庭农场经营者意味着在这个期间内农民与土地的紧密度下降。紧密度下降的原因主要有两个:(1)流转土地带来的财产性收入与外出务工收入的总和远大于只从事农业劳动的收入;(2)城乡劳动力流动渠道顺畅,农民能够在一个时期内获得大于只从事农业劳动收入的就业机会。而根据黄少安的分析,农村土地使用权长期不变在一定程度上可以理解为农民在一个可预见的时期内拥有土地的所有权(永佃制),这种政策性的保障也加速了农村土地流转。

3. 城镇化政策促进了家庭农场发展

土地是财富之母,更是农业发展的基础。在经过30多年的高速发展后,工业化和城镇化引发的非农就业人口增加直接导致农村土地出现大量闲置,这为农业规模经营提供了最基础的要素。由于农村劳动力出现大量的非农就业,越来越多的土地流转使得适度规模生产的家庭农场成为可能。这些农场由此达到自家劳动力充分就业的规模,一反过去因土地稀缺而处于"劳动力过剩"或"就业不足"的状态。在中国家庭农场发展较好的地区也大多是城镇化水平较高的地区。以上海松江家庭农场的发展为例,2013年松江的城镇化率就达到了84.31%,全区家庭农场发展至1267户,经营面积15.02万亩,占全区粮田面积的90%;其中种养结合60

户,机农一体175户。而工业化和城镇化的推进反过来也需要更多优质农产品,这就间接带动了家庭农场的发展壮大。城乡一体化进程将大大促进统一的劳动力市场发展,这一方面可以进一步推动农村劳动力职业分化,促进土地流转与集中;另一方面也可以满足家庭农场的雇工需求,推动农业的商品化、产业化经营。因此,不难得出一个结论,那就是在中国这样一个人多地少的国家发展家庭农场必须以工业化和城镇化为开拓力量。

4.职业农民和社会服务体系是家庭农场发展的支撑

家庭农场的发展离不开职业化农民的成长、农业机械化水平的提高和社会综合服务体系的健全。这些因素为家庭农场的发展提供了主客观的准备。农业生产的特性直接决定着家庭农场的生产者和经营者尽可能一致,而农业的周期性特征则将家庭农场的经营者和土地紧密地联系在一起,职业农民的出现和发展适应了家庭农场的要求。家庭农场以家庭成员为主要劳动力则要求其必须具备借助机械化的手段。以上种种都要求家庭农场的经营者尽可能地将农业生产和经营作为一种职业而不是兼业农民。

农业机械化水平的提高和社会化服务体系的健全为家庭农场的发展提供了外围支撑。家庭农场生产对象的复杂性和风险性决定了家庭农场的发展必须依赖综合的手段,包括政策支持、机械化生产以及包括农业保险在内的社会服务等。在中国中东部家庭农场发展较好的地区,平坦的地形条件配合较高的机械化水平对于提高农业生产率起到了重要作用。而社会化服务体系能够降低家庭农场与市场的交易成本。优质的政策供给和社会化服务为家庭农场的发展提供了很好的保障。这样以家庭农场发展为核心的农业发展体系也会逐步建立,农村土地得到整治,机械、农药、化肥、种子、保险等农业服务行业也能得到较好的发展。

四、家庭农场制度设计中的核心问题

(一)身份问题

家庭农场是不是一种独特的组织形态,即使存在,但在现有的制度范围内,并没有给予其明确的回答,因此家庭农场的发展实际上是一种制度创新。在浙江慈溪,家庭农场发育良好,以种植商业化价值高的蔬菜瓜果为主,商品化农业发达。其产品的主要销售渠道是出口。在与市场上其他主体特别是国外企业打交道的过程中,家庭农场相当于给予了单个农民家庭一张有效的身份证,这张身份证就如同企业具有的一样。工业发展以企业为载体,商品化农业的发展,则必将以家庭农场为载体。因此浙江的家庭农场都在工商登记,成了一个法人化的主体。家庭农场的法人化,也成为浙江模式的重要特征。但是在黑龙江,家庭农场主要以生产粮食为主,家庭农场是否需要法人化,尚在争议之中。从国家治理农业的角度而言,家庭农场的法人化,显然是有助于国家掌握农业发展的基层信息,以及构建新的农业经营主体,以承载现代农业发展的目标。因此,家庭农场的发展,至少要指向以下三个目标:一是粮食安全和农产品的稳定供给;二是农产品的质量安全;三是可持续发展。

(二)雇用问题

农业部对家庭农场的定义中,明确指明家庭农场是以家庭劳动力为主,而不是以雇用劳动力为主。主要原因就在于,家庭劳动力的投入是农业生产中效率最高的劳动力供给方式,也是成本最低的方式,家庭农业下的农产品是最具有竞争力的,家庭劳动力的不计成本是中国发展中的人口红利,在农业领域的表现一直受到忽视,长久以来中国经济的崛起,学界通常只注意到廉价劳动力供给给沿海发展带来的奇迹,但是在农业领域,这种人口红利,也为农产品的长期稳定供给和保持正常的物价水平作出了贡献。

从系统角度看,现有低价农产品维系模式,对整个转型社会而言是一种福利。不可否认,农民在这个过程中作出了巨大牺牲。在城镇化大力推进的过程中,农产品价格上涨是必然趋势,这个并不用担心。转型社会发展中所有问题的症结,都在于城镇化速度,在现有 2.9 亿的农民工中,在 2020 年前实现 1 亿人的城镇化就已经很了不起了,那还有 1.9 亿农民工依然是无法城镇化的人口,其中应该有很大一部分,是年纪偏大的第一代农民工,他们将面临养老问题。城镇化需要钱,农民养老也需要钱,政府没有这么多钱,依靠现有养老保障制度是完全无法解决农户养老问题的,因此他们这些人,最后仍然会回到农村,让土地成为他们最后的养老保障。

因此,农业中的人口红利在短期内并不会消失。在土地大规模流转的地区看到,不少无法外出打工的老人,成为在农业企业、农业大户基地上的打工者。实际上,若是他们自己经营,传统的精耕细作并非缺乏效率,只需政府解决好农业发展中的公共品供给问题。家庭农场既然是为了促进家庭农业的发展,就是考虑到了这种人口红利,因此家庭农场的规模,必然会受到家庭劳动力的限制。

(三)规模问题

家庭农场的规模,因区域和发展的模式而异,但是原则只有一条:要受到家庭劳动力限制,不以雇用劳动为主。不少地方对家庭农场的最低规模纷纷做出要求,而对规模上限持以无限宽容的态度,认为规模越大越好。那么,这一规模下限的硬性要求,目的何在呢?实际上,规模问题并不是家庭农场发展的核心问题,如果坚持家庭农场,不以雇用劳动为主,那么家庭农场的规模,自然会有一个上限要求,反而下限则不是那么重要。因为农户家庭会根据资本积累的状况、劳动力的状况和土地租赁市场的情况,选择一个最佳的规模。湖北的实践给予的启示就是:对于家庭农场的规范化发展,一定要对家庭农场的上限做出要求,否则如同大多数合作社的发展一样,资本下乡挤占农户家庭发展的利益将会再次上演。

(四)资本下乡问题

如果家庭农场的发展是为了让更多的利润分配给农户,那么,有别于家庭农业的资本农业,出路何在呢?资本农业的竞争力,在于其拥有普通农户不具备的资本实力,用襄阳知行生态有限公司董事长杨帆的话说,他是具有资本原始积累的,而普通农户近乎于无产阶级。因此农户变为家庭农场,依然存在诸多困难。对于政府而言,不能因为培育农户升级为家庭农场困难重重,而转向引导资本下乡,让资本注册成为家庭农场,那么这种注重数量的形式化发展,必将导致家庭农场的不规范和名实不符。

(五)效率问题

家庭农场的规范发展可能会限制资本下乡的程度,但是并不影响资本下乡,愿意下乡的资本还是会寻找各种途径下乡。并且通过在农业领域的摸索,资本的灵敏嗅觉会促使其很快找到经营之道,如杨帆所言,与农民竞争只有死路一条,因此他调整战略,发展经济价值高(投资也高)的农产品,尽量开辟与普通农户不一样的农产品市场,同时追求农产品的质量,迎合高端消费人群对质量的要求,以及对产品种类的多样化需求。

资本农业完全是在市场经济和价值规律的作用下开展经济活动,面向的是中国收入阶层中处于金字塔顶端的人群。从这个角度说,资本农业的投入和盈利无可厚非,这也是其生存空间所在。但是这样一种模式并不是为了满足大众农产品需求,也对国家的粮食安全无益,何须政府扶持?不少地方政府将资本下乡视为招商引资的政绩,加之资本的游说能力通常高于普通农户,因此政府对下乡资本的扶持依然存在,合作社、家庭农场的发展恰好成为下乡资本和地方政府合谋,获得国家资源的渠道。

(六)农业服务体系问题

家庭农场若想实现可持续发展的战略目标,在具备"资金、土地及劳动力"等生产要素的同时,也要具备完善的公共服务体系,既需要有"生产环节服务",也需要有"农产品生命周期"的全程指导性服务,以推动农业规模化发展。但是,受目前发展水平所限,当前的农业社会化服务体系尚无法满足家庭农场的发展,主要体现在以下三点:(1)缺失服务设施及专业人才;(2)责任意识缺失,有关部门及相关组织服务意识与社会责任感缺失;(3)政府重视程度不够。以山东省为例,农、牧、渔、林业投资仅占总投资的2.1%,农技经费过低,导致农业技术水平提升缓慢,进而造成基础设施严重不足。

(七)农业保险体系健全问题

农业生产中,种植业对天气等自然灾害的抵抗能力差,养殖业对疫病的抵抗能力也较差,经营上的高风险性给从业者带来极大困扰,制约了我国家庭农场的进一步发展。近年来,我国政策性农业保险种类虽然发展较为迅速,财政补贴资金不断加大,但整体而言,我国多地区和省份农业保险尚在发展初期,农民参保热情低,赔偿额度无法满足家庭农场的发展需求。农业保险无法在风险保障上承担重任,导致我国家庭农场经营主体不敢进行大投资,制约了家庭农场规模化发展。而农业经营高风险性也为保险公司大力发展农业保险业务、提供家庭农场保险带来较大的经营风险,需要发展和完善相关的再保险业务。

五、我国家庭农场发展现状

(一)我国家庭农场发展概况

截至2019年年底,全国家庭农场由2015年的34.3万个增加到85.3万个,增长了约1.5倍;县级及以上示范家庭农场数量由3.9万个增加到11.7万个,增长了2倍。截至2020年6月底,全国家庭农场数量已经突破100万个。全国家庭农场名录系统填报数量超过300万个,创建县级及以上示范家庭农场数量达11.7万个。

我国家庭农场的土地平均经营规模400亩左右,粮食类农场规模大于种植类,种植类大于全部农场平均水平,且经营规模2014—2018年呈小幅增长趋势。见表6-5,数据来源于全国家庭农场监测点。

表6-5 各类家庭农场的土地经营规模(亩)

年份	全部农场		种植类		粮食类	
	平均值	中位数	平均值	中位数	平均值	中位数
2014	334	156	368	200	384	219.5
2015	374	172	429	200	471	260
2016	364	180	395	200	421	250
2017	398	200	432	207	438	248
2018	424	200	403	230	432	300

不同区域的经营规模不同,呈"北方大、西南小"的特征。见表6-6和表6-7。

表6-6 种植类家庭农场的土地经营规模(亩)

年份	全国	华北	东北	华东	华中	西南	西北
2014	368	258	599	342	241	143	398
2015	429	378	672	346	268	144	552
2016	395	416	547	352	317	158	519
2017	432	547	606	400	260	149	500
2018	403	608	527	330	236	158	503

表6-7 粮食类家庭农场的土地经营规模(亩)

年份	全国	华北	东北	华东	华中	西南	西北
2014	384	223	513	352	261	210	455
2015	471	304	586	392	323	220	704
2016	421	365	455	406	305	303	684
2017	438	412	473	417	320	271	681
2018	432	575	415	397	288	268	678

种植类家庭农场平均每个农场经营土地块数由2014年的32.4块持续下降到2018年的16.3块,下降了一半。同年,有的农场经营块数高达1269块。从中位数来看,每个农场经营土地块数基本维持在5块左右。

粮食类农场平均经营块数由2014年的28.7块快速增加到2015年的33.8块,同当时规模增加同步。2016年开始快速下降到23块,一直下降到2018年的14.1块,块数下降了一半多。从中位数来看,经营块数基本稳定在6块。

表6-8 各类家庭农场经营土地的块数(块)

年份	种植类			粮食类								
	平均数	中位数	最大值	平均数	中位数	最大值	平均数					
	全国	全国	全国	全国	全国	全国	华北	东北	华东	华中	西南	西北
2014	32.4	5	1800	28.7	6	1800	24.3	13.6	31.0	28.9	87.5	88.8
2015	34.1	7	1545	33.8	10	1545	13.5	23.7	44.5	37.5	109.8	57.6
2016	24.3	5	1563	23.0	6	1000	6.5	15.1	31.5	19.0	31.3	62.2
2017	19.4	5	1743	17.8	6	500	10.4	15.4	14.9	17.2	37.8	47.0
2018	16.3	5	1269	14.1	6	385	8.0	12.2	10.8	23.5	24.0	27.7

相比传统小农户而言,家庭农场是既保留家庭经营优势,又在很大程度上实现规模经营的经营主体。而实现规模经营的关键是获得土地,那些在农村没有承包土地的人要实现经营家庭农场的梦想则完全需要靠转入土地来支撑。监测数据表明,2014—2018年间,中国种植类和粮食类家庭农场的经营土地中转入土地面积占比逐年提高。种植类农场转入土地面积占比由2014年的70%一直增加到2018年的85%。见表6-9。粮食类则由2014年的73%增加到2018年的87%,比种植类高出3个百分点。2018年土地资源丰富的东北粮食类农场转入土地面积约占80%,华东地区农场主要靠转入土地实现农场经营,占比高达95%,西北地区农场转入土地面积占比也从2016年开始上涨,2018年达到96%。见表6-10。不同地区转入土地

占比高低首先取决于农场主自有土地禀赋,也取决于农场所在地区土地资源丰裕程度,特别受当地农地流转市场完善与否的影响。

表6-9 种植类家庭农场的转入土地情况

年份	经营规模(亩)	转入面积(亩)	转入面积占比(%)
2014	367.52	254.39	69.86
2015	429.40	320.33	69.21
2016	394.76	344.62	85.77
2017	432.29	353.56	81.98
2018	403.36	338.12	84.57

表6-10 粮食类家庭农场的转入土地情况

年份	经营规模(亩)	转入面积(亩)	转入面积占比(%)						
			全国	华北	东北	华东	华中	西南	西北
2014	383.82	275.13	72.97	51.12	66.77	88.16	87.00	65.05	74.10
2015	471.17	363.59	74.77	60.05	72.05	83.86	80.52	81.59	74.47
2016	420.56	378.63	88.61	78.44	84.01	96.21	92.77	88.02	92.64
2017	438.42	384.60	86.29	81.67	79.94	94.53	89.10	83.97	88.42
2018	432.33	373.42	86.53	78.82	81.55	95.40	86.38	83.35	96.47

(二)我国家庭农场发展实践

2020年3月,农业农村部印发了《新型农业经营主体和服务主体高质量发展规划(2020—2022年)》,对家庭农场、农民合作社、农业社会化服务组织等新型农业经营主体和服务主体的高质量发展作出了具体规划。截至2019年年底,全国家庭农场数量超过了70万家。而在这个规划中,进一步提出了到2022年,全国家庭农场数量要达到100万家的目标。目前,我国具有一定规模的家庭农场主要在经济发达的东南省区和城市郊区,代表地区有浙江省、上海市、湖北省、安徽省、吉林省等。

1.经各省网站查询,选取以下10个代表省份及管辖市(见表6-11)

表6-11 家庭农场各省发市发展概况

省份	家庭农场(家)
河北定州(2019年3月)	727
湖北宜昌(2018年)	15780
安徽省(2019年6月)	100000
上海淞沪(2017年)	1119
江苏省(2018年4月)	42353
浙江省(2016年)	29172
黑龙江省(2015年)	28604
山东新泰市(2019年)	2010
湖南省(2018年)	39065

农业农村部对全国3000户左右家庭农场监测分析显示,家庭农场在农民合作社组建运营、发展订单农业、带动小规模农户改进生产技术、降低成本等方面发挥了核心作用。

家庭农场已成为农业合作社组织的发展助推剂。相关数据显示,截至目前,我国共有36.97%的家庭农场加入了合作社。由于家庭农场经营者专业素质较高、更懂农业技术、善于经营管理,在农民合作社组建和运营中也更愿意发挥核心带头作用。

2.典型案例分析

2019年全国组织开展家庭农场典型案例征集活动,全胜家庭农场是江西省唯一入选的家庭农场。

全胜家庭农场创建于2011年,位于稷山县西社镇曹家庄村北。农场主乔全胜多次参加农业部、省、市组织的新型职业农民培训,曾任稷山县十一届人大代表。乔全胜全家6口人,劳动力3人。农场常年雇工2人,短期雇工6人。农场总经营面积126亩,主要种植玉米、核桃、药材和养殖山羊等。全胜家庭农场2015年获"运城市典型示范家庭农场"称号,2018年获"山西省示范家庭农场"称号。

全胜家庭农场创建8年来,坚持"绿色、生态、环保"的建场宗旨,秉承"真心、放心、安心"的经营理念,以科学管理为手段,以多元化经营为方向,探索创新"科学化、程序化、制度化"的管理模式,积极为广大消费者提供绿色、健康、安全的农产品,取得了十分可观的经济效益、社会效益和生态效益。

(1)规模经营,节本增效

流转土地后,农场配齐了旋耕机、机动喷雾器等农机具以及畜牧所用器具,开展规模经营。以种玉米为例,如果租用别人的机械播种、耕种、丰收,一套流程下来一亩地至少要花费120元,而用自己的机械费用还不到50元,不仅节约了成本,还能在农忙期间接活,增加收入8万多元。

(2)绿色种植,培养地力

农场始终秉持种地与养地相结合的绿色种植理念,从不对土地进行掠夺式种植。每年,农场都要在不同的地块里取土,送到市农委土肥站检测,根据土壤肥力,结合产量预期,建立配方施肥台账。同时,农场还采取"秸秆全量还田+绿肥种植"模式对田块进行分片轮休,将养殖山羊的粪便做有机肥,减少化肥使用量,有效培养地力,提高粮食品质和市场竞争力。在种植过程中,农场还推广土壤深松、秸秆速腐还田、山药等种植新技术,为提高品种产量奠定了基础。

六、我国家庭农场发展的对策

家庭农场这一经营模式符合目前我国农业的发展需要,并展现出了强劲的发展势头。

(一)以解决资金和用工问题为重点,加大政府扶持力度

综合以上情况,结合实际调研情况,当前资金和用工是家庭农场面临的主要困难。当前家庭农场主最为苦恼的是"资金缺乏"和"用工困难",其次是仓储设施、基础设施、产品保鲜等。而且有很大一部分家庭农场主认为政府扶持力度不够,少数家庭农场主表示所在地政府没有出台相关扶持政策,部分表示所在地政府扶持力度不大。因此,政府还需针对当前家庭农场存在的重点问题,加大对解决家庭农场资金和用工问题的研究,尽快出台政策。

(二)调整补贴结构,加大对家庭农场薄弱环节的补贴力度

家庭农场主在购置农机、大棚及配套设施方面获得政府补贴较多,其次是种粮、农资综合补贴。大多数人对补贴表示满意,但对租地、育供秧和农业保险补贴不怎么满意。因此,还需

在进一步的农业补贴政策改革中,调整现有补贴结构,加大对薄弱环节的补贴。可以考虑加大对家庭农场主租地、育供秧和农业保险补贴的力度,增加家庭农场生态补贴,更多运用 WTO 的绿箱工具。

(三)加大对家庭农场设施用地和基础设施建设的支持

家庭农场主最希望得到政府在租地、大棚及配套设施方面的支持;其次是得到农业保险、综合农资和农机购置补贴,希望政府帮助解决项目扶持和生产型基础设施建设与维护资金;最后是解决种养技术、经营管理培训以及贷款担保、抵押难问题。因此,政府下一步还需加大对家庭农场基础设施建设的支持力度,同时尽可能地帮助家庭农场解决生产性设施用地问题。

(四)完善土地流转及相关政策

在土地确权颁证完成后,调动小农户参与土地流转的积极性,务必协调好小农户与家庭农场两者的利益,引导其加入家庭农场经营。制定规范合同,进一步明确家庭农场与小农户双方权益,合同价格条款与支付方式可灵活采取农民愿意接受的方式来调动其积极性。多方采取措施,加大退出合同成本的手段、维持契约稳定性。

(五)构建技术支撑体系并搭建公共服务平台

农技支撑体系是推动家庭农场良性发展的关键因素之一。农技支撑体系的构建,是我国农业规模化、现代化发展的前提。建立和完善农技支撑体系,有助于家庭农场利用新技术压缩经营成本,提升收益率,有助于实现农业可持续发展。有效农技支撑体系可快速推动家庭农场规模化发展进程,加快农业现代化生产经营的实现,促进其整体效益的提升。创设信息服务平台、人才服务网络平台、科技资讯平台等,形成有效的农业资源,并重视应用效率的提高,注重其发挥市场机制效用。完善服务机制,强化社会化服务监管,构建完善管理、运行机制,满足家庭农场需求,以推动农业发展。加大人才培养力度,重视农业社会化服务的人才队伍建设,吸引农业专业人才加入农业社会化服务平台。

(六)建立健全保险和担保体系

农业经营的不确定性和高风险性,严重影响了家庭农场发展和保险公司承保的积极性。投资者畏惧风险,家庭农场土地流转、引进技术就有后顾之忧。因此,必须由政府出台扶持政策,并设立专项资金,支持设立农业专项保险及专门的农业保险公司。有农业保险的坚强后盾,才能实现家庭农场可持续发展。当下,多数担保公司针对家庭农场的担保仅占极小比重,无法满足家庭农场的需求,在开展农业担保业务时,需政府给予扶持。可采取财政出资、合作出资手段,创立农业担保公司,重点服务于家庭农场的农业担保,可引导优势突出的家庭农场进行信用合作,同时也有助于相关政策的贯彻与执行。

参考文献

[1] 王金河.我国家庭农场发展中存在的问题及其对策探究[J].南方农业,2019(24):77—78.

[2] 邱联鸿.乡村振兴战略背景下家庭农场发展问题研究[J].决策咨询,2019(3):89—92.

[3] 邱拓宇,李大鹏.中国家庭农场发展存在的问题及对策[J].河南农业,2019(2):51—52.

[4] 廖金秀,黄金绿,谭贤杰.家庭农场的优势·存在问题与发展对策[J].安徽农业科学,2018(34):205—211.

[5] 岳红妮,胥继东.唐山市家庭农场发展现状和典型案例分析[J].安徽农业科学,2018(31):117—118.

[6] 段景田.建立大农场与家庭农场紧密型利益联结机制的几点思考[J].中国农垦,2018(11):52—54.

[7] 孔令孜,宁夏,麻小燕,谢鹏,李小红.国内外家庭农场的发展现状、特征、模式及启示[J].江西农业学报,2017(5):139—145.

[8] 胡月英,郝世绵.安徽郎溪家庭农场发展探究[J].新余学院学报,2017(1):6—10.

[9] 操家齐.家庭农场发展:深层问题与扶持政策的完善——基于宁波、松江、武汉、郎溪典型四地的考察[J].福建农林大学学报(哲学社会科学版),2015(5):21—26.

[10] 高照.基于农业分类的家庭农场规模认定研究[D].西北农林科技大学,2015:5—48.

[11] 薛亮,杨永坤.家庭农场发展实践及其对策探讨[J].农业经济问题,2015(2):4—8.

[12] 官波,陈娉婷,罗治情,沈祥成.湖北省家庭农场发展问题研究[J].农业经济与管理,2015(1):71—78.

[13] 张亿钧,李想,秦元芳,范风华.皖南地区家庭农场发展模式探索——对安徽省宣城地区家庭农场发展现状的调研[J].中国合作经济,2014(11):35—39.

[14] 负鸿琬.新形势下家庭农场经营发展的思考[J].新疆农垦经济,2013(10):53—56.

[15] 张文雄.以家庭农场为依托推进农业现代化[J].宏观经济管理,2013(7):44—45.

[16] 朱博文.国外家庭农场模式[J].湖南农业,2013(6):38—39.

[17] 张录强.我国农业生态系统营养循环链的断裂与重建[J].生态经济,2006(2):103—105.

[18] 赵慧丽,李海燕,俞墨.家庭农场:宁波模式的形成、特色与挑战[J].台湾农业探索,2013(3):14—17.